高等学校技能拓展选修课程教材

日用化学品多维度营销

陈忠明　李官跃　熊远钦　编著

化学工业出版社

·北京·

内容简介

本书从日用化学品营销环节必须注重的“讲好广宣故事”“产品的功效设计”“生产及使用安全”“顺畅流通到用户手中”“用户和销量的持续维护”5个方面，对其营销过程的多维度支撑事项进行了介绍。基于编著者在日化行业多年的从业经验，紧扣日化企业近期需重点落实的“化妆品原料和产品的注册备案”“化妆品生产以及经营企业应对‘105条’飞行检查”两大主旨要素，为拟进入日化行业和营销方面存在困惑的中小企业主管提供操作程序上的一些参考。书中引用的法规条文出处明确、权威可查，解析中肯，讲解通俗，可作为各类高校的轻工、化工类等相关专业学生知识技能拓展、创新创业选修课程的教材，也可供中小型日化企业的营销主管和科技开发工作者阅读。

图书在版编目（CIP）数据

日用化学品多维度营销 / 陈忠明，李官跃，熊远钦编著．— 北京：化学工业出版社，2026. 2. —（高等学校技能拓展选修课程教材）. — ISBN 978-7-122-49993-6

Ⅰ. F767.9

中国国家版本馆 CIP 数据核字第 20269LU460 号

责任编辑：高　宁　　　文字编辑：范晓锋
责任校对：宋　夏　　　装帧设计：韩　飞

出版发行：化学工业出版社
（北京市东城区青年湖南街 13 号　邮政编码 100011）
印　　装：涿州市般润文化传播有限公司
710mm×1000mm　1/16　印张 11¼　字数 191 千字
2026 年 3 月北京第 1 版第 1 次印刷

购书咨询：010-64518888　　　售后服务：010-64518899
网　　址：http://www.cip.com.cn
凡购买本书，如有缺损质量问题，本社销售中心负责调换。

定　　价：68.00 元

前言

近几年，全球遭受了新冠疫情的冲击后，加上国际政治、经贸、军事摩擦，各国的实体经济普遍下行。但进入后疫情时代，社交场景恢复促使洗发护发市场回暖，我国的日化行业仍持续保持着稳定的增长态势。这种态势缘于大众各种新兴消费趋势的出现，例如个性化、绿色环保和健康类产品的流行。为了满足消费者的需求，日化企业纷纷加大研发投入，推出更多高品质、高附加值的产品，提升了整个行业的竞争力。还有很多蓄势待发的创业者、欲换赛道发展的企业家，希望以提供差异化功能产品的方式赢得用户和消费者，在日化行业分一杯羹。

为了充分保障消费者的使用安全和行业的可持续发展，我国从 2016 年起，把对日用化学品中的化妆品的生产和流通过程的监管纳入国家食品药品监督管理总局的监管职责。其后，国家食品药品监督管理总局等监管机构新颁布了一系列的法规，涉及原料和产品的安全备案、生产和营销全过程的监控（“105条”）等。本书的创作意图缘于网络上对这些法规解读的“鸡汤”文章满天飞，可信性参差不齐；既不够系统，又不能长久留存备查。各个高校在为学生开设知识技能拓展、创新创业选修课程时，急需紧扣国家对行业监管新政策和措施的新颖教材，据此，我们应景编写了本选修课程用教材。

本书从简述日用化学品（以下简称“日化品”）的定义、发展入手，进而对日化品的品牌确立、日化品特色功效的发掘与呈现、日化品的生产和品控管理、日化品的多渠道营销策划与全成本控制、日化品的售后服务与客户持续维护 5 个方面展开了叙述和讨论，涵盖日化品营销的多重维度。书末的参考文献对所引用的重要法规、解读和拓展理解的备查性资料做了详细列示。三位合作编著者分工承担的工作如下：陈忠明编写第一章和第五章，李官跃编写第三章和第四章，熊远钦编写第二章和第六章。全书由熊远钦策划，陈忠明统稿。本书立意和编写时间较为仓促，2023 年年底申报编著出版意向，历时一年完成初稿。鉴于编著者既往的工作阅历有限，视野和格局有限，理解和表述角度或许失之偏颇，书中难免存在瑕疵，在此敬请各位读者不吝提出批评指正（联系方式：zmchen@dgut.edu.cn)，以便我们在后续修订时给予改正，编著者先向阅读和赐教者表示深深的感谢!

本书的编写参考了行业内众多专家学者的重要论述。编写过程中，东莞理工学院教务部以及生态环境与建筑工程学院领导给予了大力支持，还得到了化学工业出版社编辑老师的悉心指导，在此一并致以最诚挚的谢意!

编著者

2026 年 2 月于广东省东莞松山湖

目录

第一章 日用化学品概述

1.1 日化品的定义及范畴

1.1.1 日化品

日用化学品（以下简称“日化品”）是指用于日常生活和个人护理的各种化学制品。这些化学品通常被用于清洁、卫生、美容和个人护理等方面，是人们日常生活中不可或缺的一部分。这些产品通常经过严格的质量控制和安全测试，以确保它们对人体健康的安全。日化品的种类多样，可以满足不同人群的需求和偏好，从而提高生活质量和卫生水平。它们在个人卫生、家庭清洁、美容美发、口腔护理等方面发挥着重要作用，帮助人们保持身体健康、保持整洁和提升自我形象。因此，日化品在现代社会中扮演着重要的角色。

根据 GB/T 4754—2017《国民经济行业分类》，日用化学产品属于制造业（门类 C，指经物理变化或化学变化后成为新的产品，不论是动力机械制造或手工制作，也不论产品是批发销售或零售，均视为制造品）中的化学原料和化学制品制造业（大类 26）的中类 268，包括肥皂及洗涤剂制造、化妆品制造、口腔清洁用品制造、香料、香精制造、其他日化产品制造。

日化品门类很多，品种不计其数，商品名称变化无穷。各类洗涤用品、化妆品、口腔卫生用品及香料/香精是日化品的主体。列入中国化学工业年鉴单独统计产量（产值）的日化品主要有合成洗涤剂、肥皂、香精、香料、化妆品、牙膏、油墨、火柴、干电池、烷基苯、五钠、三胶（骨胶、明胶、皮胶）、甘油、硬脂酸、感光材料（感光胶片、感光纸）等。

就产品类别而言，日化品（不包括工业用途）的主要种类如下。①清洁剂：如洗涤剂、洁厕剂、洗碗剂等，用于去除油污和污渍；②洗发水和护发素：用于洗涤和护理头发，同时滋润头皮和头发；③牙膏和沐浴露：牙膏用于去除口腔中的污垢和异味，预防口腔疾病的发生；沐浴露用于清洗和滋润身体；④除臭剂和香水：用于去除身体、室内或者车内异味，赋予清新愉悦的气味；⑤化妆品：以涂抹、喷洒或其他方法散布于人体皮肤、毛发、指甲、口唇等部位，达到清洁、保养、美容、修饰、改变外观或修正人体气味等目的的化学工业品。

限于书稿的篇幅和编著者以往的职业经历，特别将本书讨论的日化品范畴限定在上述 GB/T 4754—2017《国民经济行业分类》里的中类 268 条目下划定的家用洗涤剂、化妆品、口腔清洁用品三类，也是 2015 年 12 月 15 日国家食品药品监督管理总局发布的《关于化妆品生产许可有关事项的公告》，将化妆品卫生监督管理职责，由原卫生部划入国家食品药品监督管理总局后，对化妆品的生产和流通经营过程纳入国家食药监部门的监督管理范围（注意，国家市场监管总局发布第 71 号令《牙膏监督管理办法》，自 2023 年 12 月 1 日起将牙膏参照有关普通化妆品的监管规定，由食药监部门实施监督管理）。特此敬请读者理解。

1.1.2 日用化学工业

日用化学工业是指生产人们在日常生活中所需要的化学产品的工业，它是以某些合成化学品和天然产品为原料，加工制造人们常用化学品的工业部门，其特点是技术密集、附加值高、品种繁多和多学科交叉。一般来说，合成化学品具有固定化学结构和物理化学性质；天然产品来自动植物或矿物，组成较复杂。它们通常不能直接满足人们日常生活的要求。因此，具有特定功能的日化品，必须由合成化学品与（或）天然产品配合在一起进行加工才能得到。随着科学技术的不断发展，现代日化品已不再是简单的原料调制而成，而是依托化学工程、分离工程、生物工程、物理化学、生理学、医学、药学、流变学、美学、色彩学、心理学、包装学等多学科技术交叉发展起来的高新技术成果。

1.2 日化品的由来和现状

1.2.1 日化品的由来

日用化学工业既是一个历史悠久的行业，也是一个新兴的发展中的行业。

日用化学工业的范围随着时代的变迁和科学技术的发展在不断地变化，不断地融入新的内容。但不论怎样变化，家用洗涤用品、化妆品、香料/香精及日用卫生用品等仍是日用化学工业的主导产品。

人类使用日化品的历史源远流长，有文字记载的可追溯到公元前几世纪的埃及、希腊和中国，距今已有四千多年的历史。最早的习俗是以香木、香膏与油脂相混后涂于人身，在宗教仪式上画上不同的脸谱，象征神的化身。最经典简便的应用形式是用驴乳沐浴，后来才有广泛流传的其他动物乳液沐浴之说。现代日用化工行业的发展始于20世纪初，那个时候，人们的关注点主要集中在基本的清洁和卫生需要上，因此需求相对较小。然而，随着科学技术的进步和人们生活水平的提高，日化行业迎来了巨大的发展机遇。第二次世界大战后，日用化工行业经历了爆发式增长。随着大规模生产和科技创新的推进，新的产品不断涌现，为行业带来了巨大的机遇。此外，随着经济全球化的不断深化，日用化学工业开始走向国际化，发展势头更加迅猛。

我国化妆品历史绵长、悠远，早在晋朝时代就有“邹叟铅”做粉涂于面部的美容记载。近代化妆品起源于1830年江苏扬州的“谢富春”到1862年杭州的“孔凤春”，他们是我国化妆品行业的开拓者。我国第一家现代化民族化妆品企业“广生行”于1898年诞生，也就是现在上海家化的前身，标志着现代化妆品工业在中国建立。1949年以前，中国的化妆品生产大多为手工作坊，技术落后且品种少。

1.2.2 日用化学工业的现状

全球日用化工市场规模已经超过8000亿美元，其中洗涤用品规模近4200亿美元，化妆品约3800亿美元，并且持续增长。

目前，全球洗涤用品行业市场规模庞大，欧美地区是最主要的消费市场，占据超过全球市场40%的份额，其中美国是最大的消费国家，德国、英国和法国也是重要消费主力；欧美消费者对产品环保、健康和性能等方面的要求越来越高，促使企业不断推陈出新。亚太地区洗涤用品市场潜力巨大，消费增长迅速，主要以中国、日本、韩国和印度为核心；亚洲地区在织物洗涤用品市场具有绝对优势，就细分产品市场来看，织物洗涤用品已经占据绝对领先份额，仅仅中国市场就已突破百亿美元，约占14%的市场份额。2022年在新冠疫情的影响下，洗衣凝珠等新剂型洗涤产品依旧保持了超75%的惊人增速。亚洲消费者更加注重品牌、质量和价格等方面，促使当地企业不断提高产品品质和服务质量。

全球化妆品市场主要分布在亚太及北美地区，2025 年全球地区市场规模已达 3800 亿美元，其中亚太地区以 45%的占比位居首位。这一比例高于北美（23%）和欧洲（15%），凸显出亚太市场的核心地位。市场竞争方面，日韩等化妆品大国市场集中度较高，均形成了拥有丰富品牌矩阵的大型化妆品集团。法国的欧莱雅集团、LVMH 集团、雅诗兰黛集团、Chanel（香奈儿）集团，美国的 Procter & Gamble（宝洁），日本的 SHISEIDO（资生堂），英国的 Unilever（联合利华），德国的 Henkel（汉高）等在化妆品生产技术水平和规模方面一直处于世界领先地位。

我国自改革开放以来，国内市场上各种优质、多效、安全的洗涤剂、牙膏、化妆品等琳琅满目，充分显示了中国日化工业的繁荣景象。前几年，受新冠疫情的影响，我国日化行业销售额增速放缓，但行业规模仍然保持持续增长趋势，主要源于线上渠道、年轻一代和银发族等潜力人群、产品创新、直播电商以及消费升级等五大因素共同驱动。中国民族品牌竞争力在持续上升中，涌现出了众多的知名品牌，但与外资企业相比仍有较大的差距。国内市场的日化品份额仍然被宝洁和联合利华等外资垄断，奥妙、汰渍、潘婷、清扬等知名洗涤产品均为宝洁和联合利华生产。民族品牌中，立白、白猫、雕牌占有较大份额，也令很多跨国公司的“洋”品牌都难以匹敌。

俗语有曰“病从口入”，受健康意识提升及消费观念转变的影响，消费者越来越重视口腔护理，从而促进了牙膏市场的快速发展。据中国口腔清洁护理用品工业协会行业数据，2022 年中国牙膏行业规模以上企业销售收入约 263.56 亿元，产量约 60.3 万吨，同比下滑 10%，主要是受新冠疫情升级的影响。2024 年中国牙膏行业规模以上企业销售收入约 386 亿元，同比增长 5.2%。2025 年中国牙膏行业规模以上企业销售收入已达约 412 亿元，同比增长 6.7%；产量回升至 72.8 万吨，主要驱动因素是功效型牙膏（如抗敏、美白、护龈类）的需求增长，以及线下渠道恢复后的消费回暖。

我国的化妆品消费也得到了快速发展，我国已成为全球第二大化妆品市场，且消费者对中高端产品需求旺盛，整体市场消费水平明显提高。2020 年市场规模约为人民币 4200 亿元（约合 600 亿美元）。2025 年中国化妆品市场规模已突破 8900 亿元（约合 1250 亿美元），稳居全球第二大市场，同时呈现两个核心变化：中高端产品占比提升至 48%（2020 年约 35%），功效护肤、高端彩妆是增长主力；本土品牌在中高端市场的份额从 2020 年的 18%升至 2025 年的 32%，国货高端化成效显著。

从地理区位来看，珠三角、长三角和京津地区的日化产品产量和品质均居国内领先地位。广东、江苏、浙江、山东、福建五省及上海市是日化行业的集聚地，其产值占全国 92%以上。当前，我国日化行业正面临着新的挑战和机遇。全球经济环境的不确定性、贸易摩擦的加剧、资源和环境压力的增大等因素，给行业发展带来了一定的困难和压力。同时，消费者对产品质量、安全和环保性能的要求也越来越高，市场竞争日趋激烈。

1.3 日化品的技术发展趋势

1.3.1 洗涤用品（家用）

全球洗涤用品行业正以 4.4%的年复合增长率增长，合成洗涤剂仍然是目前洗涤剂市场的主导产品，占据约六成的市场份额。2024 年中国合成洗涤剂产量为 1450 万吨，同比增长 3.8%。2025 年全球洗涤用品行业规模约 2150 亿美元，年复合增速 4.8%；合成洗涤剂占比稳定在 60%以上，浓缩化、绿色化、液体化成为主流趋势。在政策和市场的驱动下，我国洗涤剂企业加快技术升级，推出更多绿色高效的洗涤产品。同时，政策鼓励洗涤剂企业开拓国际市场，相关企业将加快全球市场布局，有望推动我国合成洗涤剂技术提升。2024 年 2 月，国家发展改革委发布的《产业结构调整指导目录（2024 年本）》中，将“多效、节能、节水、环保型表面活性剂、助剂和洗涤剂的开发与生产”列为鼓励类项目。随着科技的不断进步，洗涤剂技术也在不断研究和创新。目前，新型的洗涤剂技术包括纳米技术、生物技术、表面活性剂技术等，这些技术的应用可以提高洗涤剂的洗涤效果和环保性。纳米技术可以用于制造具有超强去污能力的纳米材料；生物技术可以用于开发环保型的生物洗涤剂；表面活性剂技术可以提高洗涤剂的渗透力和去污力。未来洗涤剂技术将更加注重环保、健康、高效等方面的需求。同时，随着消费者对于个性化、差异化产品的需求不断增加，洗涤剂技术也将不断创新和发展，推出更多具有特色的新产品和技术。

1.3.2 口腔清洁用品（牙膏）

国际牙膏市场基本上由美国、西欧、日本的少数跨国公司所垄断，他们集科研、生产、营销于一身，拥有非常雄厚的经济和技术实力，在不断的企业变革和产品创新过程中快速增长，每年在市场营销和科研开发方面投入了大量的资金，是牙膏技术和产品发展潮流的领导者。全球范围内，牙膏市场呈现出良好的发展态势，未来的趋势也将给业界带来新的机遇和挑战。健康和天然成分的需求、个性化和定制化，以及电子商务和社交媒体的兴起，将是牙膏市场未来的主要发展方向。为了在竞争激烈的市场中脱颖而出，牙膏制造商需要不断创新和改进产品，满足消费者不断变化的需求，以保持市场竞争力。近年来，牙膏消费特点在不断变化，牙膏目标市场被进一步细分，适应目标消费群体的需求。国外牙膏产品按功能可划分为四个类型，具体品种包括：新感觉牙膏、美白牙膏、天然牙膏、多合一牙膏。未来牙膏市场，将会有几个明显的趋势。首先，健康和天然成分的需求将继续增长。随着人们对健康和环保意识的增强，消费者对牙膏中化学成分的关注度不断提高。因此，天然成分的牙膏将得到更多的市场认可。例如，使用植物提取物、有机材料和天然草本成分等可生物降解的材料，可以提供更符合消费者需求的产品。其次，个性化和定制化的趋势将崭露头角。不同消费者对口腔护理的需求有所不同，因此，个性化的牙膏产品将受到更多关注。利用人工智能和大数据技术，制造商可以根据消费者的口腔健康状况和需求，提供量身定制的牙膏产品。此外，个性化包装和口味的选择也将成为牙膏市场发展的重要趋势。再次，电子商务和社交媒体的兴起将推动牙膏市场的发展。随着互联网的普及，人们越来越多地通过电子商务平台购买产品。牙膏制造商可以通过在线销售渠道，更好地接触到全球范围内的消费者。此外，社交媒体也成了品牌宣传和营销的重要渠道，通过各种社交媒体平台，制造商可以与消费者直接进行互动，并提供个性化的推广信息。

1.3.3 化妆品

全球化妆品的发展，主要受技术与消费者护肤理念的演进推动持续发展，先后经历石油化工工业、大规模天然萃取分离技术、自由基理论应用、皮肤零负担理念的更迭，可以分为矿物油、天然成分、抗氧化、零负担四个时代。未来化妆品的技术发展趋势涉及多个方面，包括成分创新、生产技术的提升、数字化营销和可持续性等。成分创新：利用植物干细胞技术提取活性成分，使其具有更强的抗氧化和抗衰老效果，用于有机护肤品的创新；利用生物科技制造更多种类的天然成分，如发酵技术生产的有机酸、酶和多肽，能够提高产品的功效和稳定性。生产技术的提升：采用更环保绿色化和可持续的生产技术，减少废弃物和能源消耗；生产过程引入智能技术和自动化生产线，提高生产效率，减少人为误差，确保产品质量。数字化营销和消费者参与：利用增强现实（AR）和虚拟现实（VR）技术（日化行业通称为“虚拟试妆技术”），使消费者能够在线上体验产品效果，增强购物体验；利用个人基因快速检测信息和肌肤数据分析，为消费者提供个性化的化妆品建议，生产定制化产品；进一步利用社交媒体平台增强影响力，分享品牌的可持续性努力、产品制造过程等信息，建立与消费者的深度互动，进一步拉近品牌与消费者的距离。可持续性和环保：推动更环保的包装创新设计，减少塑料的使用，采用可降解或可回收的材料；采用可再生资源和能源，进一步推动碳中和及碳达峰目标，减少日化品的生产和使用过程对环境的影响；研发推出智能化妆品设备（例如：智能美容仪器)，与绿色化妆品配合使用，提高功能性成分的吸收和护理效果；推行全球化和多元文化的化妆品产品线，制定符合不同肤质、肤色和文化需求的产品，满足全球不同市场的需求；在全球供应链管理方面，加强全球供应链的网络化、大数据管理，保障原材料的可追溯性和合规性。

第二章 日用化学品的品牌确立

在市场经济时代，商品营销的竞争越来越激烈，厂家商家都期待通过打造品牌，在消费者心目中谋得一席之地，成为消费者购买决策时的第一选择。因此，每个厂家商家在从事商品营销之前都会想方设法做好品牌的策划和定位，奠定一个叫得响、吸引人的营销品牌。

品牌形象由产品形象、环境形象、业绩形象、社会形象、员工形象等构成。产品形象是品牌形象的代表，是品牌形象的物质基础，是品牌主要的有形形象。品牌形象主要通过产品形象展现出来。产品形象包括产品质量、性能、外观、价格、种类、规格、款式、颜色、档次、包装设计以及服务水平、产品创新能力等。

2.1 日化品的品牌策划

虽然品牌信誉是依靠长时间的营销过程积累的结果，但其实企业品牌的创立和升级活动从企业诞生之时就开始了。

创业者，初创期都是摸着石头过河，很多企业在创业之初，缺乏对品牌进行系统策划，甚至连最基础的代表着企业的形象和品牌文化的徽标（logo）都设计得很简陋粗放、没有聘请专业公司和人员做设计。由于产品包装设计五花八门，各种色彩、版式、图案都有，其视觉形象没有遵循视觉识别系统（visual identity，VI）要求进行系列化的长远考虑，缺乏统一的视觉语言，没有明确的品牌核心价值、使命、愿景等，在宣传推广上缺乏连贯性，经常变动产品卖点和诉求主张。这是品牌初创期较为普遍存在的问题。

在当今竞争激烈的市场环境中，品牌突围已成为企业生存和发展的关键。当然，没做品牌策划设计，也不一定会影响到企业的存活，但一定会制约企业的后期发展。所以，本书编著者建议，初创业者们首先就应该做好品牌 logo 和 VI 的优化设计，统一包装设计和视觉形象，提炼广告语和核心价值，明确自有品牌的定位等。

品牌不仅仅是一个商标或是一个名字，它是一种质量的保证，一种文化的体现，更是一种历史的传承。视觉规范一做，广告语一定，再设计几张主平面，拍一条形象片，企业还只是有了一个做品牌的样子。每一个成功的品牌背后，都蕴含着丰富的故事和深厚的历史底蕴。在数字时代之前，品牌传播主要依靠传统媒体，如电视、广播和印刷媒体。互联网的出现彻底改变了品牌与消费者之间的互动方式，使得品牌能够以更加直接和个性化的方式与消费者沟通。核心用户通常是品牌最为忠诚的支持者，对品牌的产品和服务有着深厚的理解和认同，我们需要深化与这些用户之间的联系，提供超出预期的价值和体验。

在商业活动的大舞台上，品牌的形象早已超越了商品本身，融入了消费者的头脑，构建成一种无形而强大的纽带。支撑这个纽带的关键认知则是“品牌就是长期主义”这一理念，它不仅是一种战略选择，更是一场持久的信任之旅。品牌不只是一个标志，更是一份承诺，一种价值观的体现。它是厂商与消费者之间建立信任的桥梁，是对产品质量、服务承诺以及社会责任的集中表达。品牌不是短暂的一时荣耀，而是一段跨越时间的信任积淀。

一个好的日化品的品牌确立，不仅需要从多方面进行精心策划，更需要随后的悉心维护。第一个步骤是向国家知识产权局商标局申请注册商标，有时候还要考虑注册多个具有内涵关联的一系列商标。

2.1.1 日化品的商标注册

(1) 注册（国际）商标的作用

① 享有商品的独属性　不论是中国还是全世界范围内，一旦进行了商标注册，就表明只有该注册企业才能使用此商标，任何其他企业或者个人皆不能使用。一旦擅自冒用，商标权利人可以收集相关证据后向法院提起诉讼，给予冒用者以法律制裁（公开道歉，并赔偿损失和罚款）。保护企业商标不受侵犯，品牌的价值不被盗取。

② 获取高于同类商品的利益　在商业营销环节，良好的商标（品牌）形

象意味着很高的市场认同感和美誉度，有利于拓展和巩固销售市场，获取较高的定价和盈利。

③ 树立良好的国际品牌形象　一个经营长久的商标（品牌），标志着其所有者产品质量高且稳定，企业经营顺畅，市场持续接受和认可。因而，不仅在国内，而且在国际上也拥有一定的信誉形象，占有一定的国际地位。

④ 声誉价值可以变现　一旦商标所有（法）人不想延续使用某个商标了，可以将其蕴含的品牌价值进行拍卖转让，也可以通过银行或者法院做质押。

（2）商标注册的相关事宜

所谓商标注册，就是选择自己心仪的商标图案或文字（根据最新《中华人民共和国商标法》，声音也可以作为商标注册）等，向国家知识产权局商标局以下简称“商标局”进行注册申请，对其中文字、图形、数字、字母、颜色组合及上述要素的任意组合，申请独占使用权。

① 注册商标的定义　《中华人民共和国商标法》第三条规定，经商标局核准注册的商标为注册商标，包括商品商标、服务商标和集体商标、证明商标；商标注册人享有商标权，受法律保护。本法所称的集体商标，是指以团体、协会或者其他组织名义注册，供该组织成员在商事活动中使用，以表明使用者在该组织中的成员资格的标志。本法所称证明商标，是指由对某种商品或者服务具有监督能力的组织所控制，而由该组织以外的单位或者个人使用于其商品或者服务，用以证明该商品或者服务的原产地、原料、制造方法、质量或者其他特定品质的标志。集体商标、证明商标注册和管理的特殊事项，由国家知识产权局规定。

② 申请商标注册的主体　《中华人民共和国商标法》第四条规定，自然人、法人或者其他组织在生产经营活动中，对其商品或者服务需要取得商标权的，应当向商标局申请商标注册。

③ 可以作为商标注册的标志　《中华人民共和国商标法》第八条规定，任何能够将自然人、法人或者其他组织的商品与他人的商品区别开的标志，包括文字、图形、字母、数字、三维标志、颜色组合和声音等，以及上述要素的组合，均可以作为商标申请注册。

④ 不得作为商标使用和注册的标志　详见《中华人民共和国商标法》第十条和第十一条的规定，此处略。

⑤ 商标注册的审查和核准　《中华人民共和国商标法》第二十八条规定，对申请注册的商标，商标局应当自收到商标注册申请文件之日起九个月内审查完毕，符合本法有关规定的，予以初步审定公告。《中华人民共和国商标法》

第三十三条还规定，对初步审定公告的商标，自公告之日起三个月内，在先权利人、利害关系人认为违反本法第十三条第二款和第三款、第十五条、第十六条、第三十条、第三十一条、第三十二条规定的，或者任何人认为违反本法第十条、第十一条、第十二条规定的，可以向商标局提出异议。公告期满无异议的，予以核准注册，发给商标注册证，并予公告。

⑥ 注册商标的有效期　《中华人民共和国商标法》第三十九条规定，在我国注册商标的有效期为十年，自核准注册之日起计算。有效期期满前十二个月内可以申请续展并缴纳续展费用，每次续展有效期为十年，续展次数不限；若在此期限内未提出申请，可享有 6 个月的宽展期。若宽展期内仍未提出续展注册的，商标局将其注册商标注销并予公告。

⑦ 商标注册流程　见图 2-1。

⑧ 注意事项　制作出自己心仪的商标图案、文字等组合标志后，应先到官方商标数据库及“中国商标网”查询系统查询类似标志的注册情况，评估注册风险、反复优化，最终确定拟注册的商标，并制作商标标识图样。图样必须清晰，尺寸为 9cm×9cm、图片格式为 JPG、颜色模式为 RBG、位深 24 位、分辨率 300DPI。

申请时，需要向商标局递交的申报材料包括：以公司名义申请时，需提供企业营业执照复印件；以个体名义申请时，需提供个体工商户营业执照复印件及负责人身份证复印件。

商标局收到注册申请后，会按照时限给申请者出具受理通知书；企业申请约 7～15 个工作日，个体申请约 1 个月（均为工作日）。

申请人缴费后，商标局对接收到的商标申请资料，详细审查注册申请书及商标图样等所有附件，核查申请书填写是否完整、相关资料是否准确、所需资料是否齐全，该阶段时限约为申请受理后的 8 个月。后续商标局将进一步核查该商标是否具有显著性、是否符合我国商标法律法规的注册规定，并出具实质审查意见；如审核通过，申请过程将进入初审公告阶段，商标局发布《初审公告》并寄送申请人。公告之日起 3 个月后，如无人提出异议，商标局发布核准公告，该商标注册就算成功了，商标局即行邮寄《商标注册证》。

目前，我国商标局尚未开通商标注册加急业务，“加急”仅指提前拿到《受理通知书》，与商标申请的进程并无直接关系。

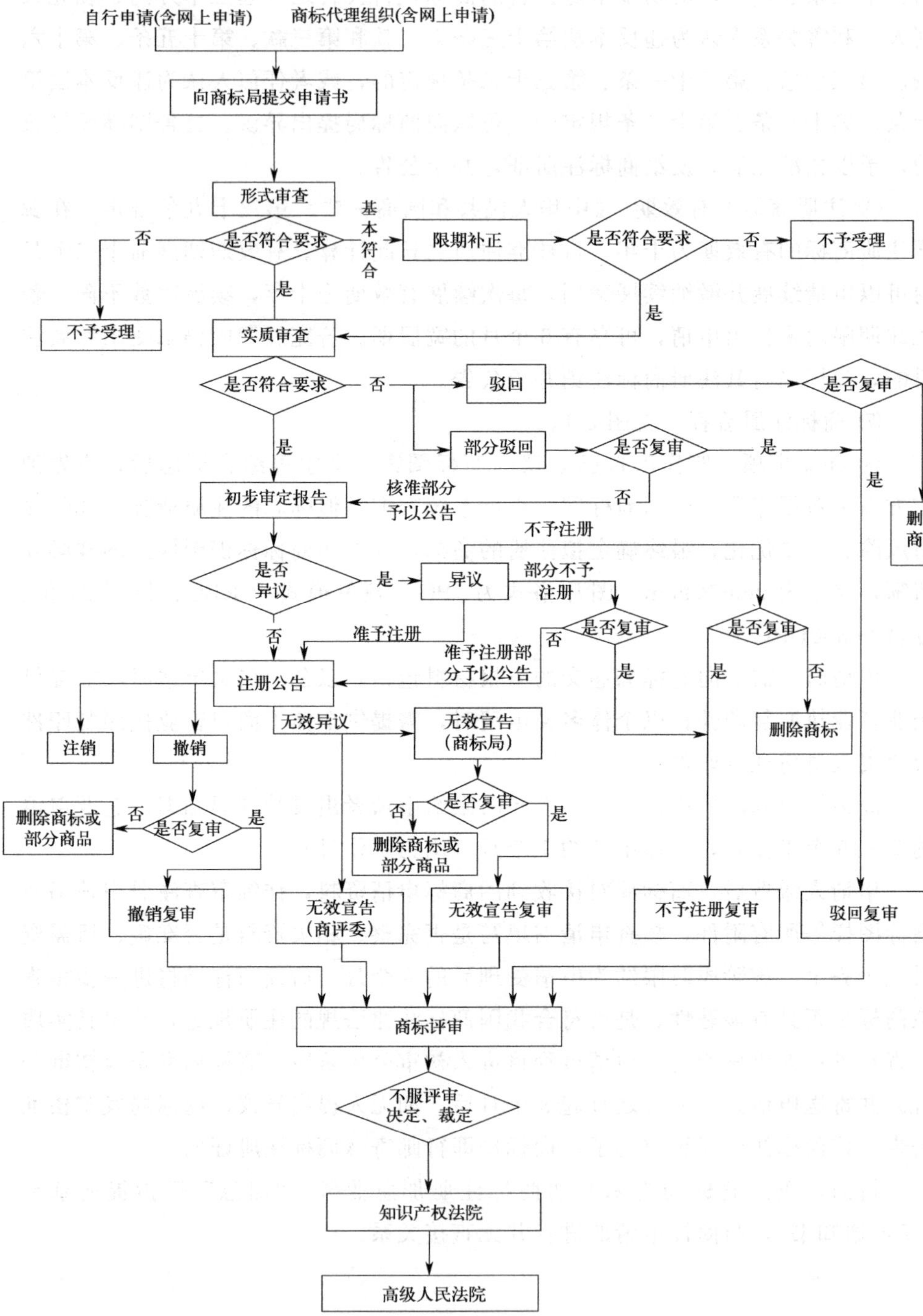
自行申请(含网上申请)
商标代理组织(含网上申请)
向商标局提交申请书
形式审查
是否符合要求
否
不予受理
基本符合
限期补正
是否符合要求
否
不予受理
是
是
实质审查
是否符合要求
否
驳回
部分驳回
是否复审
是否复审
是
否
是
删除商标
是
初步审定报告
核准部分
予以公告
否
是否
异议
是
异议
不予注册
部分不予
注册
否
准予注册
准予注册部
分予以公告
是否复审
否
是
是否复审
是
否
删除商标
注册公告
注销
撤销
无效异议
无效宣告
(商标局)
是否复审
否
是
删除商标或
部分商品
否
是否复审
是
删除商标或
部分商品
撤销复审
无效宣告
(商评委)
无效宣告复审
不予注册复审
驳回复审
商标评审
不服评审
决定、裁定
知识产权法院
高级人民法院

图 2-1 商标注册流程图

2.1.2 日化品营销渠道的策划

销售渠道是指产品从生产者流向消费者的一种途径，它是由一系列相互依赖的组织机构组成的商业销售环节集合。销售渠道的起点是生产者，终点是用户，中间环节包括各种批发商、零售商和商业服务机构。

现阶段，我国日化品的销售渠道主要有5类，分别是：商场专柜、超市或者大型卖场、连锁专营店、美容店或者药店、网店。计划经济时代实行的按行政区划省市县各级批发、代销的模式已经被淘汰。

① 商场专柜的特点是人流量大，日化品展示和销售柜台一般设于商场的首层，位置极佳，可以让消费者进入商场时“近水楼台先得月”，直观展示品牌形象，是各大一线品牌商家的必争之地。

② 超市和大卖场多设立于居民区，客流量稳定，面向普通消费者。所经营的日化品以中低档和基础性商品居多。

③ 连锁专营店是专门从事日化品销售的门店，其产品种类丰富，时尚女性可以在一家专营店选购多种品牌的化妆品，而且价格优势明显。

④ 由美容店、药店出售化妆品，可以增强消费者对品牌的信任感，体现化妆品的专业性。有许多品牌在开设商场专柜的同时，也设立了自己的专属美容院，这种“专柜＋美容院”的模式不仅让顾客可以在专柜买到产品，还能在美容院享受到其他特色的延伸服务。

⑤ 网店销售日化品的特点呈现鱼龙混杂的态势。除了各种门店销售外，无实体店（网店）销售已经成为网络社会全覆盖下的一种主流销售模式。由于日化品都是多种原料的复配型产品，仿制技术和功效模拟水平不断提升，网店销售的日化品假冒伪劣问题严重困扰着众多的消费者。

从日化产品生产经营的角度而言，其营销渠道可分为企业自主生产并营销和委托加工及营销两种类型。

企业自主生产并营销是传统的商品生产、营销模式，即由拥有日化品品牌、商标和化妆品生产许可证的企业，依据企业的销售计划或掌握的业务订单，在所拥有的生产厂房、设备、人员基础上，自主采购原辅材料，按照自主的日化品生产工艺和配方进行生产，并由自有的检测机构和人员检测监督产品符合相关的质量标准，然后将产品按照不同的销售渠道组织营销。

委托加工（OEM或ODM）的营销模式，通常称之为“代工贴牌”。OEM是个英文缩略词，全称是original entrusted manufacture，也可直译为“原始委托生产”，就是品牌商拥有产品的核心技术，但是没有自己的生产能力。为了更好地节约成本、降低投资自建生产线的风险，通过合同约定的方式，将产品核心技术及生产要求委托给具备生产资质和能力的第三方生产厂家，委托其生产后直接贴上自己的品牌商标进行销售。ODM 则是 original design manufacturer 的缩写，即为“原始设计制造商”，是指某制造商研发设计出某款产品后，在某些情况下会被另外一些企业或者个人所看中，要求配上后者的品牌名称进行生产。承接设计制造业务的制造商被称为 ODM 厂商，所生产出来的产品就是 ODM 产品。简言之，OEM 产品是品牌方拥有产品的知识产权，生产厂只负责生产制作（“代工”）；ODM 产品是制造商拥有该产品的知识产权，也就是常说的“贴牌”。

OEM 营销，相对于自主生产而言，需要预先走一个备案流程。步骤如下：

① 拟生产的日化用品送至当地药监部门指定的权威检测机构进行检测，程序包括：a. 填写检测申请表；b. 提供该日化品的中文配方说明书；c. 提交产品实物样品；d. 根据产品配方进行检测；e. 获取相应的质量检测报告。

② 获得上述质量合格的检测报告后，将委托商的生产许可证、营业执照、商标注册证、联系人和联系电话提供给被委托方。

③ 由被委托方向当地药监局提出备案申请，获得批准后取得相应的备案编号，被委托方在药监部门备案系统里完成备案编码后，才能组织该产品的受托生产。

2.1.3 日化品营销品牌的策划

经济社会里，无论是商业层面，还是其他层面，都充满了竞争。若想在竞争中取胜，必须重视品牌的力量。品牌承载着企业的价值观、使命和愿景。借助品牌，营销企业可以与消费者建立起情感联结，引起共鸣，触发他们的购买欲望，从而在竞争激烈的市场中脱颖而出，成为消费者的首选。回顾近代商业的发展，市场上能够经久不衰的商品无一不是有一个叫得响的品牌。

营销品牌的策划需要清晰回答以下问题：“我是谁？顾客是谁？竞争对手是谁？与同类品牌有什么不同？如何证明这种差异的实际存在？”

品牌名称是识别品牌最为重要的符号，成功的品牌名称自带传播效应，可促进产品推广与销售，是产品走向市场的敲门砖与奠基石。品牌名称是连接企业和顾客的纽带。品牌命名不是为了自己开心，也不只是满足老板情怀，还需要换个角度，从顾客角度思考是否方便记忆，方便消费者回忆和推荐。要与产品（业务）建立内在的关联，一听到名称就可以大致判断属于什么业务，当然不宜太直白。

国产日化品品牌常见的命名方式有5种：纯汉语型、纯英（外）文型、汉语或者外文加符号型、数字型、上述形式的组合型。其中汉字声调选择，以高声调更居主流，阴平调、阳平调（即第一声和第二声，属于高声调）的数量总数高于上声、去声（即第三声和第四声，属于低声调）的数量总数。从三个角度分析品牌名是否适合：①是否简单易记，能不用繁体字就不用繁体字，方便顾客识别、记忆，通常建议采用两个字或者三个字；②是否涉及业务类别，一听到品牌名字就大概知道做的哪方面业务；③是否有品牌感，所谓品牌感就是听起来像一个大品牌。

明确企业的主打产品是什么，能够满足消费者的哪些（哪怕只是一个）需求，就能很好地明确“顾客是谁”的问题。这里包含顾客的通常身份、时尚爱好、购买习惯、消费品位，甚至性别、年龄层次。

虽然市场竞争异常激烈，但竞争对手往往是隐蔽且多变的，更多的时候还会表现出同盟者的身份——独木不成林，抱团御风浪。同质化/低售价的市场竞争手段往往会两败俱伤，准确研判竞争对手的产品特色和营销策略，有利于自主“求大同存小异”，避其锋芒，险中求胜。

与同类品牌产品形成差异化创新，是企业长久占据市场一席之地的法宝。相对于其他行业和品类的产品，日化品品牌的创新手段更加丰富和容易实施，包括采用新原料、通过配方创新发掘和呈现特色功效、运用高科技工艺、提供差异化用户售后服务（如“专柜＋美容院”模式）等。

国家药监部门强制推行的化妆品功效与安全性评价方法，恰好可以佐证品牌产品功效差异的真实性。当然，实际营销操作过程中，不能仅展示权威性的评价报告，还要给消费者提供满意的使用体验，而非仅停留在白纸黑字层面上。

（1）品牌、商标与广告用语

品牌本身的价值在于产品为消费者提供的心理感受，意味着身份、品位或者个性。这些价值直观体现在产品包装、新媒体传播的内容、品牌故事、营销活动或者品牌代言人上。

品牌与商标是两个完全不同的概念，品牌的内涵远比商标要深远宽广，许多日化品营销从业者容易将它们混淆。严格意义上讲，商标仅属于法律概念。

在品牌营销过程中，企业应特别注意以下几个方面，必须符合规范：

① 品牌宣传要“合规”　品牌的广告宣传对商品销售意义重大，面向终端消费者的日化品更显得是必须的，但广告的内容应符合《中华人民共和国广告法》的要求。《中华人民共和国广告法》规定了广告行为的基本准则，并采用列举式明确了部分具体广告违法行为。对于日化品行业，应特别注意广告语中某

些功效宣称词汇的使用，还要规避一些绝对用语，如："国家级""世界级""独家""第一""唯一""最先进""最佳""最便宜""最大程度""无任何副作用""100%""彻底""完全""特效""全效""纯天然""换肤""无副作用"等，均为《中华人民共和国广告法》禁止的绝对化用词。

② 商标使用要"合规" 尽管商标不是代表品牌的全部，但它的确是企业品牌体系中的重要内容。日化品企业的品牌战略必须要在所拥有的独占商标的基础上开展，确保商标使用的合法合规。a. 商标申请注册前，必须进行法律合规性和民俗习惯兼容性的可行性研究；b. 商标使用前须进行注册申请，并获得国家商标局的核准、授权，后续使用过程中还要按照《中华人民共和国商标法》缴纳续展费用；c. 商品品牌的推广活动要在取得商标证（获得商标授权）后才能展开，最好是在商品全面投放市场的导入期进行；d. 依据企业的长远和整体营销策划，申请一系列具有内在关联的不同商标，分别用于不同品类的日化品。

品牌、商标和通用名中，不得宣称医疗功效；不得隐含产品不具备的功效。

③ 销售形式要"合规" 现阶段，日化品的销售渠道（主要有5类）和方式呈现多元化趋势，电商、微商、网红带货、短视频植入等方式层出不穷。对此，国家及地方市场监督管理部门对日化品市场营销情况的监督更加细致深入，频繁出现经营者因销售方式违规被处罚的案例。对此，在销售渠道创新过程中，日化品营销者一定要清晰地认知各种销售形式的边界，开展商业模式合法合规性的评估，避免引发法律风险。

《化妆品标签管理办法》第八条中规定，化妆品名称一般应当由商标名、通用名、属性名三部分组成，顺序通常亦如上。常用化妆品名称可以省略通用名或者属性名。

(2) 明确主要消费群

虽然日用化学品的品种不计其数，在营业执照的经营范围框架下，企业可以"无限制"地拓展经营。但企业的生产设备、检测手段、流动资金等项条件总会受到一定的制约，在进行营销品牌策划时，务必依据企业的实际情况和各种资源，针对特定（或部分）消费者群体的功效诉求和消费偏好组织营销。

消费群体是指消费行为具有一种或多种共同特性或关联的人群集合。如消费者的收入水平相近、购物兴趣相同，或者年龄处于同一阶段，或者工作性质与职业相同等。通常，开展日化品的营销策划时，习惯将消费群体按照年龄段、不同性别、不同职业做区分。

明确本企业的主要消费群，可以准确地细分市场，为产品设计研发和市场拓展提供明确的目标，减少经营的盲目性，降低经营风险。进而根据其消费心理和习惯，制订正确的营销策略，提供具有特色、针对性强的消费者服务，巩固市场占有率，提高经济效益。也可以对目标群体的消费活动进行引导、调节和适度控制，使其消费理念朝着健康、绿色的方向发展。促进消费活动的社会化程度上升，推动整体消费水平的提高。

（3）确定主打特色产品

确立了企业的主要消费群，接下来的工作就是确定企业将要着力营销的特色产品。

市场上的日化品琳琅满目且变化多端、日新月异，其发展趋势代表着消费者对于时尚的追求：天然化、复合化、功能化、特色化，其中功能化是当代化妆品技术发展的重要方向。

产品特色化是化解日化品“同质化低价竞销”“自杀式”困境的利剑，采用新原料、以创新配方和应用高新技术工艺发掘日化品的特色功效则是其有效途径。满足不同消费者的特色诉求，譬如青年人防痘祛痘、中年人乌黑头发、老年人祛斑紧肤、女性保湿美白、职场人士舒缓精神压力等，都值得日化企业深入研究，开发出切实有效的特色产品，“主打”市场。

产品的特色化开发，要忌讳“耍花枪”、炒作概念，务必让消费者能够真真切切感受到实用的特色功效。

（4）讲好营销故事

商品营销是人与人的互动过程，需要用言语交流、实物展示、影像放映做沟通的桥梁。即便是放映影像或展示实物的过程，也需要有人员的背景话语做解释。如果能够讲述一两个扣人心弦的品牌故事，紧紧抓住人类注意力高度集中的前15～45分钟（一般观众和路人，最长是前3～15分钟），往往会取得加倍的宣传效果。

人类自幼就对故事感兴趣，讲故事能更好地引起消费者的心理共鸣。因此，在品牌营销中讲道理不如讲故事。有助于营销的故事通常有以下五种类型：①品牌的起源故事；②客户故事；③产品故事；④企业文化故事；⑤推销员自己的趣事。史蒂夫·乔布斯（Steve Jobs）和史蒂夫·沃兹尼亚克（Steve Wozniak）在车库里创办苹果公司就是一个经典的品牌起源故事。下面列举一个产品故事，期望能够给读者以启迪。

品牌广告语：无龄密码，一个高端的抗衰修复护肤品牌，让您的年龄成为秘密。

俗语说，男不问收入，女不问年龄。但人与人之间的第一印象就是衣着和肌肤，特别是女士，观察其衣着和肌肤就能估摸出其职业和年龄。但经验也有例外和误差。

一位女士，每日悉心照料着女儿的成长与生活，并常年坚持使用“无龄密码”抗衰护肤乳。某日，她身着简约服饰驾车送女儿前往学校开启新的学习阶段。在校门口，新生与家长们正热络地交谈着。这时，人群中忽然传来一阵惊叹声，原来有人注意到这位女士与女儿站在一起，其容颜保养得宜，气质温婉，二人看上去宛如姐妹一般。殊不知，这正是“无龄密码”抗衰护肤乳带来的神奇效果，让旁人产生了如此美好的误会。

在开发“无龄密码”抗衰护肤乳产品时，配方工程师采用可食用的植物酵素、冻干粉、新一代的 SOD（超氧化物歧化酶）作为核心成分，结合二裂酵母溶胞物与六胜肽，借助 10 倍高渗透生物吸收原理，靶向解决中老年人的肌肤干、皱、粗、黄的问题，让消费者享受到多学科技术交叉应用的红利。

2.2 日化品的品牌定位

品牌定位（brand positioning）是指品牌在目标市场和目标客户心智中所占据的独特地位，是品牌战略的核心，定位的核心是形成差异化竞争优势，而非单纯追求与众不同。品牌定位的原始定义是基于品牌战略层面的，涉及如何建立差异化优势而非单纯做得更好，非产品的不同，而是顾客心智的不同。

品牌定位的核心要点有三个，分别是：①定位是竞争性导向而非顾客导向性思维，核心是如何建立差异化优势而非单纯做得更好；②定位追求与众不同，而非最佳实践，涉及如何把握机会而非利用经验；③定位应该贯穿企业经营的整个价值链，使之有一致的方向。

品牌定位需要解决的问题有两个，分别是：目标用户定位，即确定品牌的目标市场和目标客户，解决产品/服务“卖给谁”的问题；品牌诉求定位，即确定品牌的核心价值和差异化优势，解决产品/服务“卖什么”的问题。

品牌定位的过程包括以下几个步骤：①分析市场环境，了解行业现状、竞争格局、客户需求和潜在机会；②确定目标市场，根据市场细分、目标选择和市场定位的原则，选择最有潜力和竞争力的市场；③确定目标客户，根据客户的人口统计、心理特征、行为特征等，划分客户群体，并选择最有价值和忠诚度的客户；④确定品牌诉求，根据品牌的功能、情感、象征等层次，确定品牌的核心价值和差异化优势，以及品牌的愿景、使命和个性；⑤制定品牌定位陈述，用简洁、明确、有说服力的语言，表达品牌的目标市场、目标客户、品牌诉求和品牌理由；⑥检验品牌定位，根据品牌定位的有效性、可信度、可持续性、可操作性等标准，检验品牌定位的合理性和可行性。

品牌竞争力已经成为企业发展的核心竞争力。品牌力的觉醒意味着企业开始认识到，品牌的建设和维护不仅仅是短期的营销活动，而是一种长期的、系统的战略行为。这种觉醒使企业开始重视品牌的核心价值、品牌文化、品牌的社会责任等方面，通过持续的品牌建设和创新，提升品牌的知名度、美誉度和忠诚度，从而实现企业的长期发展。

打造一个长期的品牌，做好品牌的定位，是一门很深的学问，也是品牌建设的重要一环。面对日益同质化的产品和服务，消费者的注意力和选择变得越来越珍贵。因此，品牌必须通过独特的定位、创新的策略和有效的传播手段来打破常规，实现差异化竞争。破局有道意味着品牌需要找到适合自己的突破路径，这不仅要求品牌对市场有深刻的洞察力，还要求其具备快速应变的能力。在这个过程中，品牌可能需要逐步审视自身的价值主张，调整产品策略，优化客户体验，或者利用新兴的数字营销工具来吸引和保持消费者的关注。只有不断适应变化，不断创新思维，品牌才能在激烈的市场竞争中脱颖而出，实现持续的增长和成功。

2.2.1 品牌定位的立足点

“选对大方向、摒弃急功近利、维持竞争力”是做好品牌定位的三个必需的立足点：

（1）选对大方向

任何一个品牌的成功都不是一蹴而就，而是要找到自己的营销目标，了解目标消费群体的需求，还要了解目标市场的地域文化以及风土习俗。品牌的独特基因与积淀是重中之重，具有独一无二的品牌定位和风格很重要。

（2）摒弃急功近利

立足长远是构建品牌壁垒的关键要素。从某些品牌成功的经验来看，品牌在市场进入或产品开发时，必须确定其目标客户群体，并坚定为其长期服务的理念。品牌定位需要确定是专注于高端奢侈品市场，还是面向基本消费层。不同市场细分的关注点各不相同，而一个品牌不可能在所有细分市场都做到全面覆盖：中低端市场的消费者可能更关心产品的价格和性价比，而高端市场的顾客则可能更看重产品的独特设计、卓越品质以及创新技术等。

（3）维持竞争力

与市场上的其他品牌比较，具有个性化、差异化才会更有优势，不仅仅是品牌要素上的差异，更主要的是产品提供给消费者所看重的功效和荣誉感的满足。优秀的品牌，唯有坚守工匠精神和不断适应时代消费嗜好的决心，维持竞争力，才能历经岁月的考验，在大众心目中树立起不可或缺的重要地位。

从目标客户、产品或服务、客户的价值主张进行定位。一个成功的商业模式是为客户创造价值，以及如何去创造这一价值。凡是成功的公司都能够找到某种为客户创造价值的方法，帮助客户解决某些需要解决的根本问题。企业的资源是有限的，不要企图能够满足所有用户的需求，任何产品和服务也做不到吸引所有的顾客。客户价值主张是设计商业模式的根本出发点，它是指对客户来说什么是最有意义的，也就是说，客户关注产品的哪几点，产品的哪几点对客户最重要，它们的重要程度是如何排序的。

通常来说，客户价值包括：①性能上的提升：改善和提升产品或服务性能；②前卫、时尚的设计：同样功能的产品，酷炫和时尚的外形更容易打动人；③新颖的客户体验：提供客户从未感受和体验过的全新需求；④降低成本：帮助客户降低成本也是创造价值的一种重要方式；⑤产品或服务更便利：产品或服务是否随时获得，购买起来是否更便捷；⑥客户身份的提升：品牌能给客户带来身份上的提升，比如，女性购买 LV 手袋，她考虑的因素未必是用来装东西，更多的是用 LV 品牌来彰显自己的身份；喝飞天茅台，喝的不仅仅是酒，喝的是面子、权力和地位；⑦给顾客减少痛苦，带来快乐：比如，孩子在迪士尼乐园游玩会感到很快乐。企业市场定位的实质就是要突出自身产品和服务的独到价值，把本企业与竞争对手区分开来，让顾客明显感觉和认识到这种差别，从而树立企业在顾客心目中的特殊地位。

2.2.2 日化品的包装外观设计

品牌定位里，“选对大方向、摒弃急功近利、维持竞争力”是企业营销的内涵追崇，但还需要通过对商品包装的外观设计呈现给消费者，让消费者一看到包装就能产生联想，“慧眼识君”。

日化品包装的外观设计，需要聘请专业的设计人员做系统设计，除了商标、品牌名称是必有元素，还应在用色搭配、图案文字的表述上自成风格，同时适宜相同品牌系列下不同类别、不同规格的产品。在整体风格和寓意上，应与企业营销目标、细分市场、客户的价值理念相吻合。这里涉及视觉美学的知识和表达技巧，本书编著者缺乏历练和经验，不能妄自漫谈。不过需要提醒读者的是，推出每一款新品包装时，最好向国家知识产权局申请外观设计专利，花钱不多，可以提前避免某些后顾之忧。

日化品的包装设计，包括内瓶及瓶盖（内容物容器）、涂取方式和机构、外包纸（塑）盒及其密封手段等方面。内瓶、瓶盖、涂取方式与产品的形态、黏度、涂抹方式密切相关，内瓶的表面也要设计小标签，可以采用贴纸、贴塑或者丝印等形式实现。除了外包纸（塑）盒需要设计贴合密闭外，内瓶与瓶盖之间也要采用内盖、密封垫圈或者塑膜热合做防泄露、防污染和保质期限定措施。

至于外包纸（塑）盒上对内容物配方和功效的说明，包括生产厂址、生产日期、有效期等项要求，必须遵从国家市场监督管理总局颁布的《化妆品注册备案管理办法》、国家药品监督管理局发布的《化妆品注册备案资料管理规定》和《化妆品标签管理办法》。

2.2.3 日化品的配方设计

日化品的配方设计是对产品内容物的原料组成和使用功效的设计，必须对实现企业营销目标、细分市场、客户的价值做坚强支撑。在充分满足国家药品监督管理局发布的《已使用化妆品原料目录》和《化妆品禁用原料目录》的前提下，就产品形态、涂抹使用方式、功效发挥等项进行研究开发，并获得大多数目标消费者的认可。当然，也要彰显企业自主品牌定位的特点，满足不同用户的价值追求。

现阶段对日化品的配方设计，总体趋势是应用分子级纯品原料或特征性天然提取物、高新混配料工艺技术和设备，为发掘和呈现品牌定位的特色功效服务。

（1）分子级纯品原料的应用

有机合成与分离技术，促进了日化原料能够达到分子级纯度，如微乳液合成、分子印记合成、分子蒸馏、超临界萃取、大容量柱层析和薄层层析，对于某些微量添加成分的产业化生产提供了可能，成本也从天价级落地到可接受的程度。如冻干细胞活性物、靶向护理成分、功效迥异的旋光性异构体的导向型合成和分离，这类原料的有效应用，能够彰显品牌定位产品的特色。

（2）特征性天然提取物原料的应用

亲和肌肤、回归自然的化妆品消费新理念，助推各种特征性天然提取物原料的应用。这种特征性通常基于天然原料产地的地域、气候、地质遗产等，很多情况下是其他地域和企业难能获取的。例如湖南隆回县滩头镇香粉纸的天应石原料，酿造茅台酒的赤水河段特定的地理环境、气候条件、土壤特质、水质特点、微生物菌群环境等。这种“独一无二”特征性原料和条件的运用，也不是苍天与生俱来赐予的，而是需要人们长时间摸索，经过无数次改进改良后，才能被有效利用的。

国家药品监督管理局发布的《已使用化妆品原料目录》（2021版）包含了8973种。所谓新原料，就是指不包含在《已使用化妆品原料目录》《化妆品禁用原料目录》和《化妆品禁用植（动）物原料目录》这几大目录中的化妆品原料。被《化妆品禁用原料目录》和《化妆品禁用植（动）物原料目录》列出的禁用原料约有1400种。现在每年都有很多企业向国家药品监督管理部门提交新化妆品原料的备案或注册，有效地筛选出安全有效的新原料，促进化妆品行业的健康发展，同时保护消费者的健康和安全。这些新原料经过注册备案后，允许在指定的化妆品中试用3年，经用户和社会评价，没有负面信息反馈，药品监督管理部门审查通过，企业将获得新原料的备案证明，该新原料便可以正式用于化妆品的生产。

(3) 高新混配料工艺技术和设备的应用

乍一看，混配料工艺技术和设备的使用似乎与日化品的配方设计不相关联。然而很多时候，企业需要通过引入新原料赋予新产品以新功效，而这些原料在混配以及后续贮存过程的稳定性，需要采用新手段来保障。如超浓缩洗衣粉生产中使用的可伸缩性除残及偏心剪切装置，超剪切乳化胶体磨，高剪切内循环乳化机，它们的应用改善了某些（新）原料的密度差大、分子级分散困难、乳化后同类原料易再集聚成胶团的混配难题。没有这些高新技术的混配料工艺设备的应用，就不可能在创新配方中引入某些新的特色原料。

还有某些高新检测和功效评价方法（包括技术手段和仪器）的使用，使得化妆品的在线体验产品效果和个性定制化生产成为可能和可信，也是提高日化品品牌声誉和扩大影响力的有效途径。

2.3 品牌策划及定位中的注意事项

2.3.1 品牌的策划和定位要与企业的营销目标相吻合

品牌定位是企业在市场竞争中，为了塑造自身品牌形象，根据目标消费者群体、产品特点等因素，进行的有针对性的市场定位和形象定位。在品牌定位过程中，企业需要分析市场需求、竞争对手、自身优势等多个方面，并运用各种营销策略和手段，使品牌在消费者心中占据独特的地位，提高品牌知名度和美誉度，进而实现市场份额的占领和拓展。

品牌定位的核心是差异化，即通过打造与众不同的品牌形象和品牌概念，让消费者能够将本品牌与其他品牌区分开来。品牌定位需要考虑目标消费群体的需求、偏好、购买习惯等因素，同时需要了解竞争对手的市场布局和品牌形象，从而找到自身的市场空缺和发展机会。

在进行品牌定位时，企业可采用多种策略和手段。例如，通过分析市场需求和消费者行为，确定目标消费群体，并针对其需求和偏好进行产品研发和营销策略制定；通过品牌形象塑造，提升品牌的认知度和美誉度；通过与竞争对手的差异化竞争，找到自身的市场空缺和发展机会；通过营销渠道的选择和创新，提高品牌的市场覆盖率和占有率。

总之，品牌定位是企业市场竞争中不可或缺的重要环节，只有进行精准的品牌定位，企业才能够在市场竞争中占据优势地位，进而实现可持续发展和市场拓展。

品牌定位的 17 个出发点包括：产品特点、价格、使用者、风格、功能、服务、渠道、竞争情况、消费者心理、使用场合、经营理念、企业的实力、技术实力、管理实力、市场推广能力、市场需求、品牌差异化。

2.3.2 品牌的策划和定位要对标目标客户的需求

品牌需求层次理论，源自马斯洛需求层次理论。品牌为人们的需求服务，而人们的需求是分层次的，因此品牌的策划和定位也需要分层次。

不同人群的需求侧重不同：高层次需求以基础性需求为基础，基础性需求满足后会升级到更高层次的需求。从需求层次理论出发（图 2-2），日化品服务于目标客户的需求要避免以下几种常见的错误：

（1）脱离基层需求而追求情感需求

高层需求是以基层需求为基础的。过于强调产品的情感属性、彰显属性，忽略了消费者需要的首先是品质过硬、能满足功效需求的产品。

（2）没有核心价值不足以成就品牌

品牌要锁定核心价值，没有核心价值不足以成就品牌。核心价值包含了定位，又超越定位，因为核心价值不仅仅是功能价值，也可以是心理价值，而定位并不适用于强心理价值品牌。

品牌的核心价值是什么？确立品牌核心价值的 5 大步骤：

第一步，界定行业和品类的发展趋势；第二步，洞察目标消费者的购买驱动力；第三步，准确分析行业的竞争格局和机会；第四步，深刻挖掘品牌自身

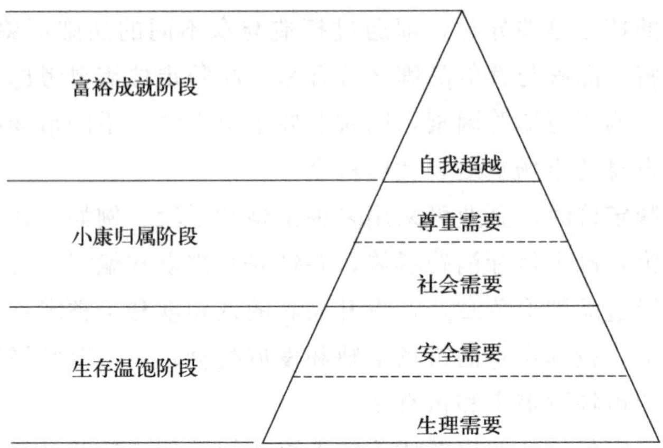

图 2-2 马斯洛的人类需求层次（3个阶段、5种层次）

的资源禀赋；第五步，全面探索核心价值的发展方向。

不论是升级品牌，还是打造新的高端品牌，企业/商家的目的就是为了卖货！让商品卖得多，卖得贵，卖得广。要想卖更贵，不光产品层面要有说法，比如更好的品质和功能、技术和原材料，品牌层面也要进行配合，要让消费者感受到升级感、高级感、优越感，品牌值得卖更贵的价格。

产品要想卖出更高的品牌附加价值，品牌影响力足够的企业会选择直接涨价，而且是每年一涨，这需要产品和工艺具备稀缺性、不可复制性，是大多数企业无法模仿的。有的企业则会选择打造一个全新的品牌，以专门针对高端市场、吸引高端人群，可以避免影响其原有品牌占据的大众市场，并规避原品牌形象亲民廉价大众化、无法支撑高端定位的问题，所以用推新来解决。

新技术和新产品的出现，往往会创造全新的品类，进而带来整个市场的重构。如果企业不重视，那么就会把市场主导地位拱手让人，因为消费者在考虑不同品类时，常常会选择不同的品牌。消费升级的趋势，带来了品牌升级的机会。有些品牌市场敏锐度高，就能够很快把握住这个机会，而有些品牌市场敏锐度相对低一些，就抓不住消费升级带来的品牌升级机会。

对于大企业，其品牌知名度高、铺货渠道广、用户基数大、销量高，因而具备规模效应，能够获得成本优势，小企业想要跟它们拼价格不仅很难成功，甚至是取死之道。因此，对于小企业而言，最好的市场策略就是聚焦特定人群，提供差异化价值。而提供差异化价值，几乎肯定意味着投入更高的成本，不管是原料、人工还是服务。高成本意味着高定价，那么锁定高端用户就成了必然的选择。

高端用户的价值不仅在于购买力，尤其重要的是这群人有很大的社会影响力和消费示范作用，他们能够为品牌建立势能，创造口碑和社会关注，实现出圈和流行。有很多品牌在创立之初，都是先在一个小圈子里进行渗透、形成人气，然后再借助这群高势能天使用户扩散开来。

业务的扩张，可以表现为业务范围变大、销售区域扩大或者产品种类增多，但从品牌的视角看，品牌的外延需要拓展，品牌的内涵也需要同步深化。过于泛化的定义会模糊品牌的价值和形象，并使不同产品线之间丧失内在关联，难以形成合力。在这种情况下，不仅要拓展品牌外延，扩大品牌定义，以覆盖更多产品领域和业务范围；还要丰富品牌内涵，由实入虚，在价值观念上进行深化。

价格的提升，往往是由技术的变革、品类的更迭所带来，但归根结底是由消费升级所推动。消费者为了享受更优质的产品和服务，获得更多愉悦和心理满足，实现更加美好的生活，从而选择了更高级的品牌，这是品牌升级的根本动因。消费升级的类型有：从功能到感官，从品质到精致，从需要到想要，从从众到出众。

首先，消费者开始追求体验消费。购买产品不只关注产品的物理功能、产品带给自己的最终结果，更在乎产品使用过程中带来的感官享受和心理愉悦。

其次，消费者通过消费表达自己的审美偏好。产品不只是品质过关就可以了，还要有设计感，有美学风格，有文化内涵。

再次，消费者日渐关注精神需求。购买不只是为了满足自己的物质生活需要，而且要满足自己的精神需要，为个人兴趣买单，为理想生活和自我实现买单，不符合消费者自我形象、个性、态度和三观的产品不买单，不认同的品牌不买单。

最后，消费者渴望自我表达。今天的消费已经从过去的追逐流行、服从权威、大家买什么我就买什么的阶段，进化到追逐个性、表现自我，甚至是大家买什么我就不买什么的阶段。

第三章
日用化学品特色功效的发掘与呈现

日用化工具有鲜明的多学科交叉特色，它是集化学、生物化学、物理化学、化学工艺学、流变学、美学、色彩学、生理学、心理学、医学、药学、皮肤科学等于一身的技术集成体，是知识、技术密集的高新技术产业。随着人们生活需求的提高，对产品种类和质量的需求日益高涨，客观上要求日用化工品品类繁多，新产品不断涌现。

国外的日用化工企业十分注重科研工作。法国 L′oréal（欧莱雅）公司生产香水美容品 2 万多种，商标多达 500 个，产品行销 180 个国家和地区，消费者达 10 多亿人，其发用化妆品居世界第一位，美容卫生品居世界第二位。美国 Revlon（露华浓）公司拥有 200 多名科研人员，建有科研中心，设有唇膏、指甲油、染发品、气溶胶产品研究室等 16 个日化品研究室。日本资生堂拥有 300 多名科研人员，1989 年与美国哈佛大学共创世界一流的皮肤科学联合研究中心，共同开发各种生物化妆品。最近，资生堂成立了生命科学研究所，专门从事皮肤生理的基础研究，致力于育发、美白和抗衰老化妆品等特色功效的发掘。

尽管在配方确定后，日用化学品的加工工艺比传统的重化工制作工艺简捷，但也绝对不是简单的原料混合。它们都是多组分、多相态组成的体系（如乳液、悬浮液、膏霜）等，属于复杂的热力学不稳定体系，生产过程是非牛顿流体加工过程。其中组分间的配伍性、相态、工艺条件及储存条件等对体系的稳定性均可产生影响。要获得性能良好的日化品，必须对其配方设计原理、加工工艺、稳定性、安全性、使用效果的发挥有清晰且全面的认识。

配方研究和复配技术在日化工业中极为重要，原因在于很少有单一组成的化学品能发挥多重作用，呈现理想的效果。除有效成分外，还配有各种乳化剂、防腐剂、抗氧化剂和流变性调节剂等。例如，对洗涤剂，要求产品同时具有良好的去污能力、适当的发泡能力、良好的抗污垢再沉积能力等；对洗发香波（shampoo），要求产品同时具备优良的洗净能力、丰富稳定的泡沫、适当的黏度、消除静电、具有去头屑和柔软调理功能，甚至要求能够滋养头发。

例如，单一表面活性剂如十二烷基磺酸钠，单独使用时，在降低表面张力、起泡及洗涤、乳化作用等方面均不如加入少量十二醇的产品。纯十二烷基磺酸钠，其临界胶束浓度（CMC）为 8×10^{-3}mol/L，此浓度下的表面张力为38dyn/cm。而通常的十二烷基磺酸钠商品中含有（残留）少量十二醇，其CMC大大降低，临界胶束浓度下的表面张力降低为22dyn/cm，而且此混合液的表面黏度和起泡力均大于纯十二烷基磺酸钠溶液的。

配方中组分的种类、数量、组分之间的配伍性、协同作用等均对复配产品的性能影响显著。正是借助于复配技术，才使得日用化学品的种类繁多，复配技术因此成为日用化工行业的核心技术。在液体洗涤剂配方中，常与烷基苯磺酸钠配合加入少量十二酰醇胺或十二烷基二甲基氧化胺，利用其组分之间产生的良好协同作用，大大改善起泡性能和稳泡性能，增强洗涤去污效果。

配方工程师是日用化工应用技术开发的关键人物，其职责是针对某些性能要求的日化产品，通过大量的原料筛选和复配实验，确定主次原料、助剂、添加剂的种类和数量、最佳应用配方及工艺条件等，在确保产品目标功效的前提下，还应尽可能降低生产成本。

就配方研究本身而言，它是多学科知识的交融运用，具有复杂的科学性；同时在很大程度上又依赖于经验的积累。一名优秀的配方工程师，应具备合理的专业知识结构，如物理化学、化学工程、流变学、界面化学等基础理论作指导，同时还必须对各种化学物质（可用原料）的物化性能有清晰的认识；另外，还需要有一定的灵感和敏锐的观察力、艺术鉴赏力等，譬如，香精/香水的调配技术就被公认为是一种兼具科学性与创造性的艺术。

3.1 日化品特色功效的发掘

琳琅满目的日用化学品功效各有千秋，才支撑起国内大大小小几千家日用化工厂蓬勃发展，成为经久不衰的实体行业。这些功效的发掘，需要各具特色的日化原料、差异化组方配伍、特定的持久稳定化制作工艺三者协同配合。

3.1.1 支撑特色功效的原料

了解中国中医的人都知道，我国中医诊治疾病，除了应用“望闻问切”4种手段对病人的疾病做出准确的诊断之外，还必须借助“服药、推拿、针灸、贴膏”等措施做后续的治疗，其中“服药和贴膏”都离不开熟记并灵活运用《药性歌括400味》等医书。日化配方工程师在发掘创新日化品的特色功效的时候，恰如中医医师给病人开处方，也必须熟记和灵活应用《已使用化妆品原料目录》《化妆品禁用原料目录》。这2个“目录”的最新版就是国家药品监督管理局（NMPA）现行对日化产品实施监督管理的法规，是在我国经营日用化学品企业务必遵从、不可逾越的“红线”。经验丰富的配方师对于“化妆品成分的配伍与禁忌”还能熟稔于心、有效运用。

日化品是以天然、合成或者提取的各种作用不同物质做原料，经加热、搅拌和乳化等生产程序加工而成的化学混合物质。这些原料种类繁多，性能各异。依据化妆品的原料性能和用途，大体上可分为基础原料和辅助原料两大类。前者是日化品里的主体原料，在配方中占有较大份额，是发挥日化品主要基础功能的物质；后者是对日化品的成形、稳定或赋予色、香以及其他特性起作用，这些物质在日化品配方中用量不大，但却极其重要。

国家市场监督管理总局2021年1月7日颁布了修订后的《化妆品注册备案管理办法》，其中第四条规定：“国家对特殊化妆品和风险程度较高的化妆品新原料实行注册管理，对普通化妆品和其他化妆品新原料实行备案管理。”

化妆品的主要原料分为通用基质原料和功能性添加剂。通用基质原料包括：①油性原料，在护肤产品中起保护、润湿和柔软皮肤作用，在发用产品中起定型、美发作用；②表面活性剂，能降低水的表面张力，具备去污、润湿、分散、发泡、乳化、增稠等功能；③保湿剂，是膏霜类化妆品必不可少的原料，其作用是防止膏体干裂，保持皮肤水分；④黏结剂，主要用于发胶、摩丝及胶状面膜；⑤粉料，主要用于制造香粉类产品；⑥颜料、染料，主要用于制造美容修饰类产品；⑦防腐剂、抗氧剂，在化妆品保质期内和消费者使用过程中抑制微生物生长；⑧香料，增加化妆品香味，提高产品身价；⑨其他原料，包括紫外线吸收剂、用于染黑发的染料中间体、烫发原料、抑汗剂、祛臭剂、防皮肤干裂的原料、防粉刺原料等。常见的功能性添加剂有水解明胶、透明质酸、超氧化歧化酶（SOD）、蜂王浆、丝素、水貂油、珍珠、芦荟、麦饭石、有机锗、花粉、褐藻酸、沙棘、中草药提取物等。

（1）我国对日化品原料使用采取的严格管理措施

日化品原料的选择直接影响日化品的卫生与安全，因此我国与美国、日本和欧盟等世界大部分发达国家和地区，都对日化品原料的使用采取了严格的管理措施。

① 对化妆品标签上的原料标注实行规范化　国家药品监督管理局于2021年发布了《化妆品标签管理办法》（2023年5月1日起正式实施）。其中，第十二条规定：化妆品标签应当在销售包装可视面标注化妆品全部成分的原料标准中文名称，以“成分”作为引导语引出，并按照各成分在产品配方中含量的降序列出，并标注其在《已使用化妆品原料目录》中的对应序号，以便监督部门和消费者查询。化妆品配方中存在含量不超过0.1%（w/w）的成分，所有该类成分应当以“其他微量成分”作为引导语引出另行标注，可以不按照成分含量的降序列出。

国家药品监督管理局颁布的2021年版《已使用化妆品原料目录》，明确规定了化妆品中允许使用的8972种原料的“中文名称”“INCI名称/英文名称”，以及各类原料在淋洗类、驻留类产品中的最高历史使用量、相关备注事项等内容。我国2020年版《化妆品监督管理条例》第三十条规定：“化妆品原料、直接接触化妆品的包装材料应当符合强制性国家卫生标准、技术规范……”

② 对化妆品中使用的新原料实施备案（审批）制度　对于未列入上述《已使用化妆品原料目录》的原料的使用，《化妆品监督管理条例》第十一条规定：在我国境内首次使用于化妆品的天然或者人工原料为化妆品新原料。具有防腐、防晒、着色、染发、祛斑美白功能的化妆品新原料，经国务院药品监督管理部门注册后方可使用；其他化妆品新原料应当在使用前向国务院药品监督管理部门备案。国务院药品监督管理部门可以根据科学研究的发展，调整实行注册管理的化妆品新原料的范围，经国务院批准后实施。

根据《化妆品新原料注册备案资料管理规定》，我国对于化妆品新原料按照下列6种情形进行分类：A. 国内外首次使用的具有防腐、防晒、着色、染发、祛斑美白、防脱发、祛痘、抗皱（物理性抗皱除外）、去屑、除臭功能的原料，以及其他国内外首次使用的具有较高生物活性的化妆品新原料；B. 国内外首次使用的，不具有上面A款所列10种功能的新原料；C. 不具有上面A款所列10种功能的新原料，且能够提供充分的证据材料证明该原料在境外上市化妆品中已有三年以上安全使用历史的；D. 具有上面A款所列10种功能，且能够提供充分的证据材料证明该原料在境外上市化妆品中已有三年以上安全使用历史的新原料；E. 具有安全食用历史的化妆品新原料（原料所使用的部位应与食用部位一致）；F. 化学合成的由一种或一种以上结构单元，通过共价键连接，平均相对分子质量大于 1000 道尔顿，且相对分子质量小于 1000 道尔顿的低聚体含量少于 10%，结构和性质稳定的聚合物（具有较高生物活性的原料除外）。

化妆品新原料的备案过程不仅是化妆品原料生产企业产品研发的重要环节，也是保障消费者权益的关键步骤。对于化妆品生产企业而言，了解并严格遵守备案流程，不仅是法律义务，更是对消费者负责的体现。通过这一过程，可以有效地筛选出安全有效的新原料，促进化妆品行业的健康发展，同时保护消费者的健康和安全。该流程涉及多个环节，要求企业在提交新原料备案申请前，在科学研究和安全评估上下足功夫，提供详尽的科学研究数据和安全评估报告。这一流程的目的在于保障消费者的健康和安全，确保上市化妆品符合国家标准和法规要求。

化妆品新原料备案流程，参见国家药品监督管理局发布的《化妆品新原料注册备案管理政策问答》《化妆品原料安全信息登记平台填报指南》《化妆品新原料注册备案资料管理规定》等法规文件。现摘要简述如下（图 3-1）：

第一步是企业需要对新原料进行深入研究，包括原料的来源、性质、稳定性以及可能对人体健康造成的影响等方面。这些研究必须基于科学的方法和可靠的实验数据，以确保结果的准确性和可靠性。

接下来，需要准备一份详细的安全评估报告，该报告应包含原料的物理化学性质、毒理学评价、微生物安全性评价、人体安全性评价等内容。报告应当依据国家相关法规和标准编写，确保全面覆盖所有必要的安全性评估项目。在完成安全评估报告后，企业需将报告连同其他相关文件一并提交给国家药品监督管理局或其指定的受理机构。这些文件通常包括但不限于原料生产工艺流程图、质量控制标准、产品规格书、使用说明书等。

企业提交申请后，相关部门会对企业提交的资料进行审查。审查过程中，可能会要求企业补充更多信息或进行进一步的研究。一旦审查通过，企业将获得新原料的备案证明，这意味着新原料可以正式用于化妆品的生产。

值得注意的是，备案流程中，企业可能因为研究数据不足或安全评估不充分而遭到备案申请的拒绝。新原料的备案周期可能较长，这会对企业的市场推广计划产生一定影响。企业在备案前应充分准备，确保所有资料的完整性和科学性。

另外，根据《化妆品注册备案资料管理规定》，对于生产和经营《已使用化妆品原料目录》中化妆品原料的企业，也要求企业依据《化妆品原料安全信

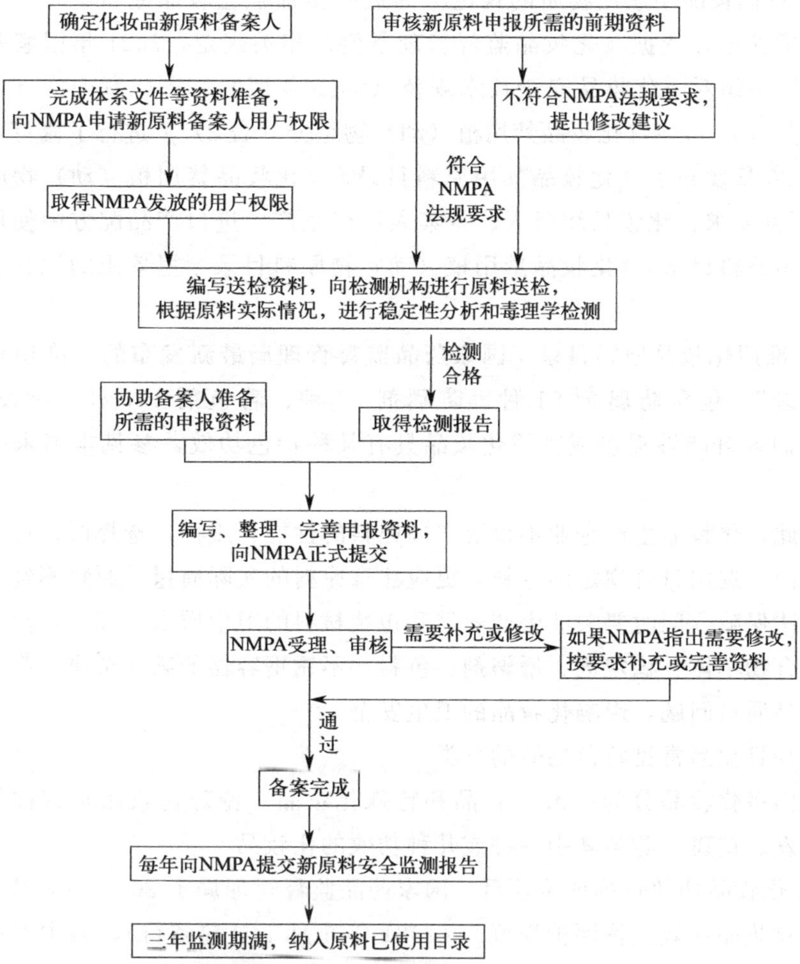

图 3-1 国产化妆品新原料备案基本流程

息填报技术指南》，对所生产和经营的原料，在国家药品监督管理局的“化妆品原料安全信息登记平台”上规范报送其安全信息，取得该平台赋予的原料报送码，随后还需要做安全信息的日常维护。

有关上述原料安全信息的使用，化妆品注册人、备案人、境内责任人在填报产品注册备案资料时，可填报“原料报送码”，直接关联原料安全信息。化妆品注册人、备案人应自行向原料生产（经销）商索要原料安全信息相关内容，确保化妆品终产品的质量安全。化妆品原料安全信息填报式样，见《化妆品原料安全信息填报技术指南》的附件 1。备查的安全信息还包括原料安全数据表（通常代号为 SDS）和产品生产批次的检验报告单（通常代号为 COA）。

③ 对化妆品中禁用物质的规定　为进一步加强化妆品原料管理，保证化妆品质量安全，依据《化妆品监督管理条例》相关规定，2021 年国家药品监督管理局组织对《化妆品安全技术规范（2015 年版）》第二章中的《化妆品禁用组分（表 1）》《化妆品禁用植（动）物组分（表 2）》进行了修订，于当年 5 月 26 日发布了《化妆品禁用原料目录》《化妆品禁用植（动）物原料目录》。严格要求：化妆品注册人、备案人不得生产、进口产品配方中使用《化妆品禁用原料目录》《化妆品禁用植（动）物原料目录》里禁用的原料及其化妆品。

④ 准用化妆品原料目录　国家药品监督管理局最新发布的“准用化妆品原料目录”，包含防腐剂 51 种、防晒剂 27 种、着色剂 157 种、染发剂 75 种。它们各自能够提供或支撑化妆品具有某种特色功效，参见本书末的参考文献。

因此，化妆品生产企业不仅要掌握原料的性能、规格，选择诚信可靠的原料供应商，选用符合规定的原料，更应注意原料的实际质量。原料不纯，产品质量无法保障。同时要关注生产容器和包装材料的卫生质量，如合成塑料中含有的聚合物单体、稳定剂、增塑剂、色料，不锈钢容器的某些杂质，都可能引发化妆品质量问题，影响化妆品的卫生安全。

（2）日化品常见特色功效的分类

国内将化妆品分为一般化妆品和特殊化妆品。特殊化妆品指宣称具有染发、烫发、祛斑、防晒其中一种或几种功效的化妆品。

① 化妆品功效宣称评价项目　国家药品监督管理局于 2021 年 4 月 9 日发布了《化妆品功效宣称评价规范》（2021 年 5 月 1 日起施行），其中明确“自 2022 年 1 月 1 日起，化妆品注册人、备案人申请特殊化妆品注册或者进行普通化妆品备案的，应当依据《化妆品功效宣称评价规范》的要求对化妆品的功效宣称进行评价，并在国家药监局指定的专门网站上传产品功效宣称依据的摘要。……”其附录 1 列示了现行“化妆品功效宣称评价项目要求”，简要摘录见表 3-1。

表 3-1　化妆品功效宣称评价项目要求

序号	功效宣称	人体功效评价试验	消费者使用测试	实验室试验	文献资料或研究数据
1	祛斑美白①	√			
2	防晒	√			
3	祛痘	√			

续表

序号	功效宣称	人体功效评价试验	消费者使用测试	实验室试验	文献资料或研究数据
4	滋养②	√			
5	修护②	√			
6	抗皱	*	*	*	△
7	紧致	*	*	*	△
8	舒缓	*	*	*	△
9	控油	*	*	*	△
10	去角质	*	*	*	△
11	防断发	*	*	*	△
12	去屑	*	*	*	△
13	保湿	*	*	*	*
14	护发	*	*	*	*
15	特定宣称(宣称适用敏感皮肤、无泪配方)	*	*		
16	特定宣称(原料功效)	*	*	*	*
17	宣称温和(无刺激)	*	*	*	△
18	宣称量化指标的(时间、统计数据等)	*	*	*	△
19	宣称新功效	根据具体功效宣称选择合适的评价依据。			

① 仅通过物理遮盖作用发挥祛斑美白功效，且在标签中明示为物理作用的，可免予提交产品功效宣称评价资料；

② 如功效宣称作用部位仅为头发的，可选择体外真发进行评价。

注：1. 选项栏中画√的，为必做项目；

2. 选项栏中画 * 的，为可选项目，但必须从中选择至少一项；

3. 选项栏中画△的，为可搭配项目，但必须配合人体功效评价试验、消费者使用测试或者实验室试验一起使用。

② 根据化妆品原料实际功能进行分类，见表 3-2。

表 3-2　按化妆品原料实际功能分类

序号	原料在化妆品中的实际功能	简介及注册与备案类别
1	祛斑美白、防晒、着色、染发、防腐	原料一般具有较高生物活性，存在较高风险。注册类
2	祛痘、去头皮屑、抗皱（物理性抗皱除外）功能	原料一般具有较高生物活性，存在较高风险。备案类
3	皮肤保护剂、润肤剂、保湿剂等功能	备案类

原料在化妆品中的实际功效，往往是利用它们之间的配伍性和协同性发挥

的，并不是像表 3-2 列示的那样“泾渭分明”。配方工程师在研发具有新功效的化妆品时，必须以目标消费者的功效诉求为导向，在清晰理解消费者功效诉求主次后，利用备选原料的协调性和配伍性，设计备选原料在配方中的用量范围，经过多次的调配、自我体验、送样给志愿者试用，征询试用者的体验反馈，再做配方调整，直至获得基本满意的定型配方。

（3）支撑日化品常见特色功效的原料简介

化妆品功效性原料的研发方向有着三大永恒的主题：祛斑美白、防脱发、延缓衰老的皮肤抗皱。

① 美白祛斑类　按其作用原理，祛斑美白类化妆品原料可以分为：a. 阻碍氧化自由基传递的介质：母菊提取物、凝血酸及衍生物等；b. 抑制酪氨酸酶活性：氢醌、熊果苷等；c. 氧化反应抑制剂：维生素 C 及其各类衍生物、谷胱甘肽等；d. 促进黑色素代谢：B 族维生素、杏仁酸等；e. 防晒阻断剂：氧化铁、二氧化钛和氧化锌等。

常用的对人体肌肤具有祛斑美白功效的原料有：α-熊果苷（在《已使用化妆品原料目录》中的序号为 07259＃，以下标注同义）、氨甲环酸（俗名传明酸或凝血酸，04866＃）、甘醇酸（盐）（02404＃、02405＃等）、甘草提取物（甘草黄酮，光甘草定，08786＃）、谷胱甘肽（02586＃）、果酸 AHA（07260＃、05095＃等）、咖啡酸（04076＃）、芦荟提取物（04438＃）、苹果酸（05095＃）、壬二酸（05497＃）、鞣花酸（05567＃）、神经酰胺（06013＃～06018＃等）、对羟基苯基-2-丁酮-β-D-葡萄糖苷（俗名树莓苷或覆盆子酮葡萄糖苷）、维生素 C（04092＃）、抗坏血酸磷酸酯镁（04099＃）、维生素 E（06029＃）、虾青素（06926＃）、乙酰植物鞘氨醇（07797＃）、益母草提取物（06920＃～06923＃等）、植物鞘氨醇（08597＃）等。

传明酸是蛋白酶抑制剂，一种人工合成的氨基酸。外观为白色晶体粉末，易溶于水。它能直接阻碍黑色素细胞活性化，改善黑斑活性化因子群的活跃状态，防止和改善皮肤的色素沉积，因而有一定的美容效果。应用的化妆品类多达 30 多种，涵盖洗面、水乳霜、精华、卸妆、BB 霜、身体乳、去角质等，在日本护肤品牌兰可欣传明酸以及中国台湾第一药妆品牌森田药妆的玻尿酸保湿和传明酸美白两个系列中有运用。

树莓苷是树莓果的提取物，白色或类白色结晶性粉末，易溶于水，溶于乙醇等极性有机溶剂。β-树莓酮葡萄糖苷，易被皮肤常见菌分解，其分解产物对 B16 黑色素细胞生成黑色素显示出很强的抑制作用。可以有效抵御电磁辐射电离空气形成的一氧化碳对皮肤的危害，能够防止由紫外线辐照产生的炎症，抑制由紫外线引起的黑色素生成，促进黑色素的排泄，在短时间内比通常用的抑制酪氨酸酶活性剂的熊果苷有更强的美白效果。树莓苷用在化妆品中以提供抗老化、美白、亮肤及皮肤调理作用。据与相关企业人员做技术交流得到的信息，国内已有企业正在对树莓苷做化妆品新原料的注册备案。

② 防晒　防晒是指为达到防止肌肤被晒黑、晒伤等目的而采取一些方法来阻隔或吸收紫外线（紫外线类型有长波紫外线 UVA、中波紫外线 UVB 和短波紫外线 UVC，不同的紫外线对于皮肤的伤害有所差异）。紫外线对人体皮肤的伤害情况见表 3-3。

表 3-3　紫外线对人体皮肤的伤害情况

紫外线类型	波长/nm	对皮肤的损害
UVA	320～400	有很强的穿透力，可以直达肌肤的真皮层，破坏弹性纤维和胶原蛋白纤维，将皮肤晒黑。UVA 作用缓慢持久，一般不会引起皮肤急性炎症，但对皮肤的作用具有不可逆转的累积效应
UVB	290～320	中等穿透力，可穿透表皮到达真皮表面，可使皮肤出现红斑、炎症等光损伤，是皮肤晒伤的根源。UVB 对皮肤作用迅速，会引起皮肤的光敏反应，是防止紫外线晒伤的主要波段
UVC	200～290	穿透能力最弱，只到皮肤的角质层，且绝大部分被大气阻留，所以不会对人体皮肤产生危害。UVC 虽极少到达地表，但对人体的伤害很大，短时间照射即可灼伤皮肤，长期或高强度照射还会造成皮肤癌

防晒原理分为物理防晒、化学防晒和生物防晒；通常的防晒方法：涂抹防晒产品、使用防晒衣等物品、食用防晒食物等。防晒指数 SPF（sun protection factor）是测量防晒品对阳光中紫外线 UVB 的防御能力的检测指数，表明防晒用品所能发挥的防晒效能的高低，它是根据皮肤使用防晒用品后的最低红斑剂量与使用防晒用品前的最低红斑剂量的比值来确定的，其高低能够反映防晒产品对于紫外线防护能力的大小。

日化品中常用的对人体肌肤具有防晒功效的原料有：4-甲基苄亚基樟脑（00062＃）、*p*-甲氧基肉桂酸异戊酯（00977＃）、奥克立林（01061＃）、丁基甲氧基二苯甲酰基甲烷（01955＃）、对苯二亚甲基二樟脑磺酸（02020＃）、二苯酮-3（02091＃）、胡莫柳酯（02932＃）、甲酚曲唑三硅氧烷（03277＃）、甲氧基肉桂酸乙基己酯（03352＃）、聚硅氧烷-15（03887＃）、双-乙基己氧苯酚甲氧苯基三嗪（06251＃）、水杨酸乙基己酯（06413＃）、亚甲基双-苯并三唑基四甲基丁基酚（07318＃）、乙基己基三嗪酮（07709＃）和二乙基己基丁酰胺基三嗪酮（02218＃）。这些是已批准使用的原料，还有限用原料二苯酮-4（02092＃）、二苯酮-5（02093＃）、亚苄基樟脑磺酸（08836＃）、樟脑苯扎铵甲基硫酸盐（08502#）、二甲基PABA乙基己酯（02115#）、对氨基苯甲酸（02018#）、PEG-25对氨基苯甲酸（00609#）、苯基苯并咪唑磺酸及其钾、钠和三乙醇胺盐（01270#、01271#、08837#）、聚丙烯酰胺甲基亚苄基樟脑（08838#）、二氧化钛（02210#）和氧化锌（07475#）。

③ 防脱发　脱发是指毛发从皮肤脱落的现象（多指头发的脱落）。正常脱落的头发都是处于退行期及休止期的毛发，由于进入退行期与新进入生长期的毛发不断处于动态平衡，故能维持正常数量的头发，这属于正常的生理性脱发。病理性脱发是指头发异常或过度的脱落，其原因很多。脱发是许多人面临的一大问题，通过生活中的一些护发方法及注意事项，可以预防脱发。养护头发的目的在于维护头发的健康，同时可以抑制头皮屑或掉发等现象的发生。

防脱发首先要分清脱发的类型。通常将脱发分成两种基本类型：由于毛囊受损造成的永久性脱发和由于毛囊短时间受损造成的暂时性脱发。过食高脂食物、环境及化学洗发水污染、过度电发及染发损伤、月经及产后调理失当、中年肾亏等，造成头皮营养供应失衡、血流循环不畅、油脂过多、毛囊阻塞等头部生态环境恶化，从而阻碍发根吸收营养，影响毛发生长，导致脱发、白发危害。

日化品中常用的对人体毛发具有防脱落功效的原料有：谷氨酸（序号为02580#）、当归提取物（03179#、04928#、05540#、08257#～8261#、08628#、08629#、01368#、01369#、01624#、01625#、01857#～01859#、01982#～01985#、02006#）、何首乌提取物（06168#、08610#、02777#～02779#、06181#）、人参（05480#～05490#、05492#）、侧柏叶提取物（01586#、01589#、01593#）、迷迭香提取物（04680#～04689#）、茯苓（02354#、02357#、06735#～06737#）、姜提取物（02529#～02532#、02860#、02894#、03005#、03386#～03391#、04085#、04086#、05891#、07002#、07393#）、天麻提取物（06641#、06642#）、地黄（08615#、01905#～01907#、06188#）。

典型的代表物如下。

谷氨酸：化学名称为α-氨基戊二酸。纯品为无色晶体，有鲜味，微溶于水，溶于盐酸溶液，等电点3.22。谷氨酸是非天然植物成分，为世界上氨基酸产量最大的品种，作为营养药物可用于皮肤和毛发。用于生发剂，能被头皮吸收，预防脱发并使头发新生，对毛乳头、毛母细胞有营养功能，并能扩张血管，增强血液循环，有生发防脱发功效。

何首乌：在中医中药中的功能是解毒，主治精血亏虚、头晕眼花、须发早白、腰酸脚软、遗精、崩漏等症。具有补肝肾、益精血、强筋健骨、乌须发、生发轻身之功效，能促进超氧化物歧化酶的活性，可明显扩张血管，加速血液循环，延缓细胞的衰老过程，对影响美容的早衰现象具有抑制、延缓的效果，在日化品中常用于肝肾不足所致的须发早白。

侧柏叶：功能凉血止血，主治生发乌发，用于血热脱发、须发早白。临床应用例：用鲜侧柏叶浸泡于60%酒精中，7天后滤取药液，涂擦毛发脱落部位，每日3次。观察13例（均为前额、头顶至后枕部脱发，斑秃不在此列），治后全部均见毛发生长。

姜油：为姜科植物姜（Zingiber officinale Roscoe）的根茎经水蒸气蒸馏得到的一种精油，淡黄至黄色液体，有特殊的气味和辛辣的滋味，具生姜特征香气。密度 0.877～0.888，折射率 1.488～1.494（20℃），旋光度 −28°（45℃），皂化值≤20mg KOH/g。不溶于水、甘油和乙二醇，溶于乙醇、乙醚、氯仿、矿物油和大多数动植物油等。主成分为姜烯（zingiberene）、生姜酚（shogaol）、姜醇（gingerol）、姜酮（zingerone）、柠檬醛、水芹烯、冰片等。主产于牙买加、西非、印度、中国和澳大利亚。临床应用于身体泡浴：在冬季节里，把姜油5～8滴滴于浴缸温水中，泡浴，可促进血液循环，令全身发热，治疗冷感症。鲜姜油的质量比干姜油好得多。用水溶性姜油调和在洗发露中按摩头皮和发丝，其中的姜辣素、姜烯油等成分，可以使头部皮肤血液循环正常化，促进头皮新陈代谢，活化毛囊组织，有效地防止脱发，白发，刺激新发生长，并可抑制头皮痒，强化发根，修护发根毛囊部位，促进发丝的健康生长，达到“毛囊干细胞”修护的作用，如能坚持连续涂擦并酌量增加药物浓度，则毛发生长可较密，同时也不易脱落。

④ 祛痘　青春痘是人类特有的一种发生在毛囊皮脂腺及其周围组织的青春发育阶段的疾患，因人而异，症状有重有轻，某些人“悄无声息”，轻松“滑”过；有的人在“发病”阶段，油光满面，小米样痘粒布满患处，肌肤发红凸起，不仅有碍观瞻，还奇痒难耐，抑制不住地要用手指去挤压排出，严重者会造成炎症溃烂。但至青春期结束，大多数人的“痘症”疾患，无需就医治疗，又会自然消退。

青春痘，是一种毛囊皮脂腺的慢性炎症，常见于青春发育期的青年男女，主要发生部位在面部、前胸及肩胛，形成丘疹，中医称“粉刺”，西医病名为“痤疮”。青春痘的发生机理：a. 对雄性激素类固醇（如睾酮、去氢表酮、羟孕酮）反应的敏感性原因加剧，致使皮脂产生增多。b. 痤疮丙酸杆菌（Propionibacterium acnes）增生。c. 毛囊上皮细胞数量增多，并有黏着性，形成毛囊潴留性角化过度。痤疮丙酸菌产生游离脂肪酸，可能是青春痘形成的主要因素。

祛痘产品中有效成分的种类和含量不仅决定祛痘效果的优劣，而且对消费者的健康也有一定影响。西药中对青春痘炎症具有治疗作用的合成外用药成分有氯霉素、盐酸金霉素、盐酸四环素、盐酸多西环素、盐酸米诺环素、二水土霉素、甲硝唑 7 种药用抗生素和地塞米松磷酸钠药用糖皮质激素。化妆品中常用的对青春痘具有抑制作用的原料有：水杨酸及其盐类（序号为 06405＃、08830＃）、壬二酸及其盐类（序号为 05497＃～05499＃）。

水杨酸，化学名称邻羟基苯甲酸，是一种脂溶性的有机酸，外观为白色针状晶体或毛状结晶性粉末，易溶于乙醇、乙醚、氯仿，微溶于水，在沸水中溶解。通常用作化妆品的防腐剂，主要用于花露水、痱子水、奎宁洗发水等水类化妆品。还有祛除汗臭、止痒消肿、止痛消炎等功能。水杨酸及其盐类有中等抗粉刺功效及抗菌性能，对皮肤的刺激性较小，常用作痤疮治疗药。壬二酸，别名杜鹃花酸，是无色至微黄色单斜棱晶、针状结晶体或粉末，相对密度 1.225（25/4℃），折射率 1.4303（111℃）。易溶于热水、醇及热苯，微溶于水、醚和苯。壬二酸在医药上常用作外用抗菌剂，对皮肤上的各种需氧菌和厌氧菌具有抑制和杀灭作用，局部使用 20％的杜鹃花酸软膏能显著减少皮肤细菌和滤泡内丙酸杆菌类细菌的生长，并使皮肤表面脂质的游离脂肪酸含量下降，减少滤泡过度角化，对正常皮肤和痤疮感染的皮肤有抗角质化作用。

水杨酸和壬二酸都是角质软化剂，可以溶解皮肤表面的油脂和死皮细胞，促进皮肤的新陈代谢，减少毛孔堵塞，因而具有一定的祛痘效果，但其效果因人而异，不一定适用于所有人。二者对于轻度的痘痘和粉刺比较有效，但对于重度的痘痘和炎症性痘痘效果不佳。此外，壬二酸和水杨酸也有一定的副作用，过度使用可能会导致皮肤干燥、瘙痒和刺激等问题，因此需要根据个人的皮肤类型和痘痘情况来选择使用。

水杨酸具有比较好的油溶性，可以渗透肌肤，疏通毛孔内的垃圾，有助于皮肤中的粉刺或黑头排出，主要用于改善粉刺和黑头，让皮肤看起来更加光滑和细腻。壬二酸主要有平衡油脂、抑制和杀灭皮肤上的各种厌氧菌以及需氧菌的效果，可用于轻度以及中度炎症性痤疮，还可以改善色素沉着紊乱的症状，改善皮肤油脂过多及皮肤毛孔粗大的问题，防止毛囊角化过度。

与药品相比，化妆品的安全性要求更高，不仅要求使用安全，且不能对施用部位产生明显刺激和损伤，更不能产生任何抗药性。鉴于此，《化妆品安全技术规范（2022 年版）》把抗生素类和糖皮质激素类列入禁用原料目录，水杨酸类和壬二酸都被列为限用原料目录，在化妆品中使用后，必须明确标明其添加量和使用注意事项。

⑤ 去头皮屑　拥有满头柔顺光亮的头发是人类美颜的第一要素，也是身体健康的重要标志。如果头发上时不时浮现像米糠一样的头皮屑，会使人的美丽潇洒的容貌大打折扣，严重打击自信心，形成精神上的折磨。头皮屑出现时，常常伴有头皮瘙痒和炎症的发生，如果不采取恰当的方法进行针对性的治疗，该症状可能会持续性、复发性或周期性地发生，长此以往可导致头皮毛囊损伤，形成永久性脱发。

人体头部表皮的生理过程是逐渐角质化的过程，表皮从基底层形成细胞，并增殖、分裂，向上层逐渐推移，细胞也逐渐形成角蛋白，成为无核、无生命的角质层，干燥、死亡的细胞呈细小的薄片或鳞状自动脱落。因此，头皮屑是人体头发毛囊部位表皮细胞新陈代谢的产物，自然的生理性脱屑一般以小于0.02mm的细小颗粒脱落，是头皮正常生理代谢现象，每个人都会发生，正常情况下人眼是观察不到的，也不会影响人们的正常生活和工作。病理性头皮屑是头皮有异常病变时才会出现的白色或灰色鳞屑，由真菌感染引起，属于皮肤疾病范畴。这种鳞屑颗粒较大，附着在头皮表层或头发上，梳头或搔抓时极易脱落到肩部衣服上。医学上称之为“头皮糠疹”，产生的根源是头皮生态平衡遭到破坏。

健康的头皮生态环境由三大平衡维持：油脂、菌群、代谢平衡。当头皮油脂分泌失衡，头皮就会渗油变得油腻；如果头皮菌群环境失衡，有害菌大量滋生，就会发生头痒不适；而头皮角质层代谢过快，就会形成头屑呈片状脱落。头皮健康管理主要包括三个方面：一是正确看待头屑问题，避免造成精神负担；二是养成良好的作息习惯；三是做好日常头皮护理。如此才能实现对头皮健康问题的预防和对症解决。

头皮上最丰富的细菌品种是丙酸杆菌和葡萄球菌，这两个菌种表现出彼此相互抑制的倾向，同时左右着头皮屑的严重程度。与正常的头皮相比，当有头皮屑存在时，附近头皮的丙酸杆菌数量会下降而葡萄球菌数量会上升。而头皮的皮脂是葡萄球菌的食物来源之一，头皮上的高水含量可以给丙酸杆菌提供一个更适合生长的环境，从而减少头皮屑。通过调节头皮上的细菌平衡，特别是加强丙酸杆菌同时抑制葡萄球菌将是减少头皮屑严重程度的潜在解决方案。

在临床上，根据头屑的多少以及皮损的形态来分辨头皮屑的不同病症：a. 脂溢性皮炎：它是引发头皮屑最主要的原因，常常出现于成年人群中，表现为头皮上有较厚的油性分泌物或者头发干燥；b. 头癣：局部头皮上可见附着较厚的银白色鳞屑，常呈斑状分布；c. 干癣：由头皮和头发的微菌感染引起，病症表现为头屑和头发被破坏，严重时伴有炎症反应。一般常见于儿童，多由不良的卫生习惯导致；d. 异位性皮炎：表现为头皮弥漫性干屑，一般同时全身皮肤干燥或湿疹，常见于儿童。

导致丙酸杆菌和葡萄球菌失衡致病的原因：a. 洗发露没有清洗干净，或者使用了脱脂力过强的不良洗发露或不良美发用品；b. 饮食不当，过量或者频繁饮酒及食用辛辣油腻刺激性食物，导致头皮分泌的皮脂过多；c. 身心疲劳、睡眠不足，精神紧张，内分泌紊乱；d. 胃肠功能紊乱，营养不均衡，缺乏维生素 A、B6、B2；e. 季节转换，身体生理适应性差。

日化品中常用的对预防病理性头皮屑功效的原料有：无患子提取物（04600＃、04808＃、05818＃、06832＃～06834＃）、侧柏叶提取物（01586＃、01589＃）、丹参（01807＃～01810＃、04926＃）、桑白皮提取物（05846＃～05853＃）、氯化钠（04517＃）、吡啶硫酮锌（ZPT，01329＃）、二硫化硒（04379＃）、硫黄（04381＃）。

典型的去头皮屑代表原料有二硫化硒、无患子提取物。二硫化硒具有杀菌抗菌、杀灭寄生虫等作用，是临床常见的皮肤用抗真菌药物，临床上常用于治疗一些常见的皮肤疾病，其功效是去除头皮屑或对头皮脂溢性皮炎有消炎作用，还可用于治疗花斑癣，即人们常说的汗斑。本品不宜过量使用，否则会刺激皮肤，导致接触性皮炎、头发脱色等，对皮肤造成不可逆的伤害。在日用化学品领域，二硫化硒主要是以香波的形式外用，用来抗真菌和止痒，其控制油脂的作用对于头皮脂溢性皮炎、头皮糠疹等有显效。二硫化硒作用于机体后能够调节表皮细胞更替生成水平，可抑制皮脂形成，造成表皮细胞更替生成减少，并促成角质化。据《本草纲目》记载，无患子具有清热祛痰、消积杀虫等作用，无患子树的根、果可入药，能清热解毒，化痰止咳；花可治疗眼疾；种仁可防口臭；果皮可用于治疗喉痹肿痛、咳喘、食滞、白带、疳积、疮癣、肿毒，还可预防头皮屑。对人体肌肤有抗菌美容、杀菌消炎、去屑止痒、祛斑祛痘、增白、防治皮肤病等功效。

⑥ 抗皱（物理性抗皱除外） 生活在各种生态环境下，人类皮肤老化是不可违背的自然规律。皮肤老化一般分为自然老化和光老化：自然老化是由机体内存在的不可抗拒因素引起的，如遗传、重力、内分泌及免疫功能等；不良的生活方式是导致皮肤光老化加快（出现皱纹）的另一类重要因素，包括过度暴晒、慢性日光损伤、营养与生长所需不平衡、过度吸烟、饮酒、夸张表情太

多、化妆品使用不当、洗脸水温度过高、长期睡眠不足、精神压力大等。

随着人的年龄增大，额头和手上的老化皮肤就会变得松弛，出现一些皱纹。皱纹的出现，一方面是人变老的一种症状表现；另一方面是因为皮肤没有得到很好的休养和保护，导致失去原有的光泽，提前出现松弛。初步归纳一下，出现皱纹的主要原因有：a. 随着年龄的增大，身体的功能会逐渐减弱，体表的皮肤也会变得脆弱、松弛和缺乏弹性，加上皮脂腺的分泌减少，就会导致皮肤产生皱纹，这是一种渐进性的生理现象；b. 如果皮肤长期暴露在紫外线下，引起表面细胞损伤，也会加速皮肤组织的老化，过早形成皱纹；c. 如果长时间吸烟，也会因为香烟中的一些有害物质损害皮肤细胞，让皮肤出现皱纹。

成年女性的面部皱纹分为萎缩皱纹和肥大皱纹两种：萎缩皱纹是指出现在稀薄、易折裂和干燥皮肤上的皱纹，如眼部周围那些无数细小的皱纹；肥大皱纹是指出现在油性皮肤处，如前额、唇周围、下颌处部位的皱纹，数量不多，纹理密而深。面部皱纹的形成，主要有以下深层次原因：a. 水分流失使皮肤脂质分泌不足，皮肤难以保持正常水分，导致对紫外光的屏障功能减弱，加速皮肤内水分流失，使皮肤逐渐出现细小皱纹；b. 胶原蛋白流失及弹性纤维断裂，致使皮下组织中脂肪组织萎缩，引起皮肤弹性和韧性下降及皱纹形成。

出现皱纹后，如果皱纹不明显，一般只需要保证充足休息时间，不过度熬夜等，即可缓解皱纹的形成。如果皱纹相对较深，可以通过光子嫩肤、做局部拉皮手术等方式去除皱纹。就使用日用化学品做皮肤的日常护理而言，建议平时多使用一些护肤品来减缓衰老。

现代临床医学上，尚未出现皮肤抗皱的灵丹妙药，但去除皮肤皱纹的应用成分委实较多，通常包含保湿成分、抗氧化成分、紧致肌肤成分、促进胶原蛋白生成成分、角质分离成分等。主要品种有熊果苷（已用原料序号为 07259 ＃）、透明质酸（别名玻尿酸，06353＃、06354＃）、甘油（02421＃）、神经酰胺（04823＃）、维生素 C（04092＃）、维生素 E（06029＃）、咖啡因（04077 ＃）、B 族维生素（06788＃），还有视黄醇（06162＃、06163＃）、羟丙基四氢吡喃三醇（俗名玻色因，05250＃）、肌肽（03150＃）、胱氨酸（02628＃）、羟基酸（包括果酸、水杨酸、乳酸，08810＃）。

对皮肤祛皱保湿功效较好的成分是熊果苷。熊果苷主要是从绿色植物中提取的天然活性物质，能够快速渗入皮肤底层，安全可靠。涂覆在肌肤上后，通过抑制皮肤中酪氨酸酶的活性来阻断黑色素形成，并且直接与酪氨酸酶结合来加速黑色素的分解，有效减少皮肤色素沉着，起到淡化色斑和雀斑的作用。

透明质酸是天然存在于皮肤中的酸性黏多糖类物质，是构成人体细胞间质、眼玻璃体、关节滑液等组织的主要成分，在体内发挥保水、润滑、促进细胞修复的重要生理功能。具有很好的补水保湿性能，能够锁住水分，使皮肤保持水嫩湿润状态，促进皮肤细胞的代谢和再生，从而减少细纹和皱纹的形成，使皮肤更加紧致有弹性。注射后可改善和去除眉间纹、眼角纹、法令纹、嘴角纹等皮肤皱纹；还可以用来塑造面部轮廓，填充面部凹陷，用于隆鼻、隆下巴、丰唇、丰太阳穴、丰面颊等。透明质酸钠是透明质酸的钠盐形式，具有更强的保湿性能，能够在皮肤表面形成一层保护膜，锁住水分，防止水分流失，从而保持皮肤的湿润和弹性，还能够促进皮肤细胞的代谢和再生，改善皮肤质量。

维生素 C 是一种重要的抗氧化剂，能够猝灭自由基，减少氧化损伤，从而延缓皮肤老化过程，还能够促进胶原蛋白的合成，增强皮肤的弹性和紧致度。维生素 E 能够捕集和消除细胞中的自由基，强化皮肤屏障，辅助改善皮肤的状态，改善皱纹，帮助伤口愈合，可用于辅助改善因割伤、烧伤和手术造成的皮肤损伤和瘢痕。维生素 B 族及其衍生物对于健康的皮肤、头发和指甲至关重要，它们以多种形式和复合物应用在护肤产品中，可以修复和再生受损细胞，紧致肌肤，延缓皮肤表面的皱纹形成。

视黄醇是维生素 A 的衍生物，可加速并刺激细胞更新和胶原蛋白生成，使皮肤更光滑、显年轻。除了淡化皱纹和细纹外，视黄醇还可以改善肤色不均、淡化小痕迹和雀斑，并改善皮肤质地。没有其他外用成分比类视黄醇更能被医学界验证为抗衰老的有效成分。因为其对光敏感，使用后需注意防晒，建议晚上涂抹相关护肤品。

辅酶 Q10（维生素 Q）是一种强抗氧化剂，为机体内广泛存在的脂溶性醌类化合物，是营养心肌和改善心肌代谢类药物，多用于保护心脏。它具有促进氧化磷酸化反应和保护生物膜结构完整性的功能，有助于保护塑造皮肤的弹性组织和胶原蛋白。除了外用乳膏外，可以通过服用辅酶 Q10 产品，有效减少皮肤上导致衰老的自由基，保护胶原蛋白，改善皱纹，令皮肤光滑有弹性。胶原蛋白是一种天然的美容成分，能够补充皮肤所需要的营养，促进皮肤的新陈代谢，有助于改善皮肤松弛、下垂等情况，达到抗皱的效果。在使用含胶原蛋白的药品或化妆品时，应避免在皮肤破损的部位进行涂抹，以免出现不良反应。

肽是氨基酸的短链，是蛋白质的组成部分。能够刺激胶原蛋白生成的多肽正成为越来越受欢迎的抗衰老护肤成分。大多数外用肽霜旨在刺激胶原蛋白以延缓皱纹的出现，使用六胜肽（06163#）也可以达到调理皮肤的效果。六胜肽是一种从南极湾冰河泥中的单细胞绿脓菌研发出的强效多肽蛋白，它具有类似肉毒素的作用，能抑制神经传导物质，能阻断神经肌肉间的传导功能，避免肌肉过度收缩，从而防止细纹形成。六胜肽能够减缓肌肉收缩的力量，让肌肉放松，减少动态纹的发生与消除细纹；有效重新组织胶原弹力，增加弹力蛋白的活性，使脸部线条放松，皱纹抚平并改善松弛。它可用于化妆品内，作为抗皱成分，且效果佳。六胜肽具有很强的抗氧化作用，其抗氧化能力比维生素C高出约100倍，可以有效地清除皮肤内的自由基，减缓细胞的衰老过程。此外，六胜肽还可以促进胶原蛋白的合成，刺激皮肤细胞产生更多的胶原蛋白和弹力纤维，增加皮肤的弹性和紧致度。同时能够促进表皮细胞的更新，使皮肤更加光滑细腻。

FDA（美国食品药品监督管理局，Food and Drug Administration）允许羟基酸用作“刷酸焕肤”的成分，用于去角质死细胞和抗皱的化妆品中，包括果酸、水杨酸、乳酸等，有助于去除皮肤表面的死细胞，刺激胶原蛋白合成，改善细纹。但羟基酸浓度越高，对皮肤的刺激性越大，应尽量减少使用频率，或在专业人士的指导下使用，否则会破坏皮肤保护屏障。

综上所述，在选择护肤化妆品时，需要根据个人皮肤需求选择含有以上成分的产品。护肤品的效果个体差异很大，持续使用合适的护肤品并保持良好的生活习惯才能有效淡化皱纹。

市场问卷调查统计结果显示，除了上述6种特色功效外，人们还对保湿、滋养、修护、紧致、舒缓、控油、去角质、防断发和头发护理有较高关注。相对前述的6种需求，对于这9方面的护理关注，受众占比较低，需求的内涵更模糊。因此，本书不做细化分述。

（4）选用日化原料需要注意的几点

① 针对性　化妆品的品类很多，应根据对化妆品设计的主要功效有针对性选择原料。

② 有效性　选用的原料在化妆品中确实能够发挥出目标功效，化妆品所具有的特殊功效，是通过添加了有特殊功效的原料得以实现的。

③ 安全性　必须在国家药品监督管理局颁布的《已使用化妆品原料目录（2021年版）》中选用，化妆品原料等相关成分应当符合强制性国家卫生标准、技术规范，严禁使用《化妆品禁用原料目录》里面的原料。对于尚未纳入上述

两个目录中的、具有创新功能的新原料生产化妆品的，必须经国家药品监督管理局批准（在国家药品监督管理局网站平台上注册/备案，并获得通过）。

④ 配伍性　每种日化品都是多种原料的复配体系，各个原料在复配体系中务必要有良好的配伍协调性，才能确保日化品性质稳定，并发挥出设计的功效。

⑤ 广泛性　已使用或者准许使用的化妆品原料越来越多，消费者对化妆品的功效期望也不尽相同。所以，凡是对人体皮肤、毛发、指甲等外部器官有清洁、保护、滋养、护理和美化作用的物质都可以被选用。巧妇难为无米之炊，调料丰富了，厨师才能大显身手。

⑥ 时效（尚）性　日化品既是日常生活的必需品，更是顺应时代潮流的消费品。因此，化妆品品类和原料也要不断地推陈出新，原料的选择也必须跟上时代的特征，紧随高科技潮流和成果的发展趋势。

3.1.2　支撑特色功效的原理

厨师创新美味佳肴，第一要素是食材要新鲜、配料齐备。主材与调料各自占比多少，对美味提供什么样的支撑，油盐酱醋茶、姜葱蒜辣色，用量的搭配都要适宜，这是烹调技术中的配方协调问题。主材和配料需要如何预处理，切工的粗细和刀法，入锅的先后顺序、炒烩蒸煮炸煎、烹调时间长短等，则属于制作（生产）工艺。研发日化新产品的过程，犹如厨师创新菜品，上述三个方面需要齐头并进，不能留存短板。

在竞争激烈的市场中，创立一个品牌并让其脱颖而出并非易事。大多数日化品都有相似的配方和功效，导致消费者很难选择。化妆品配方的独特性是初创品牌脱颖而出的重要因素之一，标新立异的化妆品配方对于初创品牌的意义重大，它能够提供独特的产品特点，帮助品牌赢得消费者的信任并彰显自身的竞争优势。例如，特殊的动植物提取物、珍贵的天然成分或者独特的工艺技术，能够吸引消费者的注意并激发他们购买的欲望。

消费者对于化妆品的安全性和有效性非常关注，他们希望购买的产品不仅能够美化外表，还能对皮肤起到护理作用。初创品牌应该通过选择高质量的配方，赢得消费者的信任，使他们相信这个品牌能够提供安全有效的产品。

一个好的化妆品配方可以帮助初创品牌赢得消费者的信任，在市场竞争中脱颖而出，并确立自身的竞争优势。初创品牌应该重视化妆品配方的优选，注重产品的独特性、安全性和有效性，在独特功效、天然成分和创新技术的应用方面，做足功课，以此助力品牌的发展。化妆品配方研发师是根据产品的功能和使用方法，通过试验、优化、评价，合理地选用原料，并确定各种原料的用量配比关系。

（1）化妆品配方研发的通常流程

化妆品配方研发是一个复杂而细致的过程。在这个过程中，研发人员根据产品定位和目标功效，选择合适的原料，设计和优化配方，并制定相应的工艺流程和质量控制标准。通过实验验证、质量检测和临床测试，改进产品的性能和质量，直至满足目标消费者和市场的需求。具体流程见图 3-2。

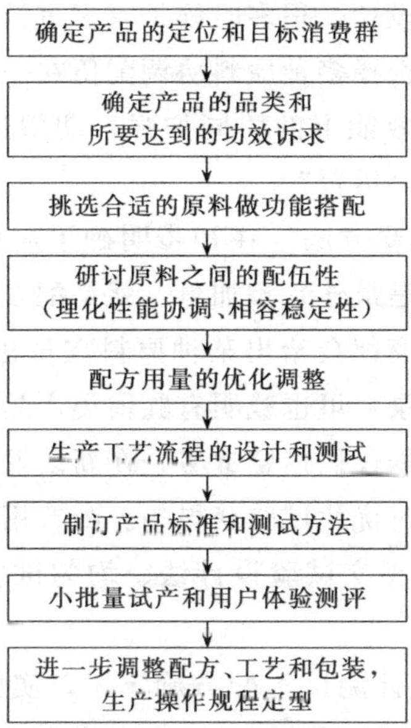

图 3-2　化妆品配方研发的通常流程

化妆品的配方研发需求，通常源自市场调研或者满足用户的诉求。一般来说，研发人员对于产品的定位、品类剂型和目标消费群的功能诉求是清晰的，这也是产品研发的出发点和基础。

① 日化品的品类、剂型　根据产品自身的性质，应用对象的特点，目标客户的要求，使用、购买及储运的便利性，配方型日化品需要加工成不同的物理形态（剂型）和赋予不同形式的包装。日化品常见的剂型有：固体制剂（片剂、粉剂、膜剂、微胶囊等），液体制剂（水溶液、油剂、乳状液、膏剂等），气体制剂（气雾剂、烟熏剂等）。

日化品的剂型与其品类密切相关，更取决于用户的使用便利性和习惯。这方面的要求直接导致对日化品的主体溶剂、分散介质或载体原料选择的倾向性。从数量来说，在日用化学品配方中，这些溶剂、分散介质或载体往往占到五六成以上。选择的技巧基于这些主体原料与其他配方成分的相容性和稳定性的认识和经验，还需要通过多次的试验验证给予确认。

② 原料的搭配选择　除了品类/剂型的设计，要求主体原料对其他成分具有相容性（含稳定性）外，其他成分之间也需要有较好的相容性，更不能存在功能发挥上的冲突。譬如酸碱性、氧化还原性、结晶或溶解升华、发生化学反应后的致毒或致病隐患等，参见下节“（3）化妆品常用成分的配伍禁忌”。

对日用化学品的功效设计，很多时候是有多重目标的，但每种原料的性能往往是单一的，必然需要选择多种原料协调配伍在一个剂型当中。原料间的选择搭配原则，是彼此产生效能上的协同加强，期望达到“1＋1≥2”的效果；至少不能彼此抵触，相互“拆台”。

③ 配方用量的优化试验方法　在初步明确了需要使用的原料种类后，确定各种原料的适宜（甚至是最佳）添加量，就是配方优化试验的寻优目标。

通常来说，原料推销商都会给出某种原料在日化品中使用量的大小范围，在《已使用化妆品原料目录》里也载明有驻留类产品和淋洗类产品中最高历史使用量的数据。但这些数据仅供借鉴参考，在新研发产品中的适宜或者最佳添加量是必须亲力亲为，通过优化试验获得的。配方用量优化过程中通常采用多因子多水平试验方法，有正交试验设计法、均匀试验设计法、混料回归试验法、混料均匀试验法等。

④ 生产工艺流程的设计测试　配方确定了，实验室小试样品成型了，接下来的工作就是为工业化生产设计工艺流程和流程测试。

日化品生产的工艺流程，通常按照500L/釜及以上的规模进行设计：加料和出料途径、混料搅拌型式、加热及冷却方式、产品过滤及包（灌）装过程、自动化或者半自动化控制都应纳入设计内容。所有装置技改完成后还要进行（清水或近似物性物料）的运转测试，考察工艺流程设计得是否合理和可行，避免后期盲目投料试产造成不可挽回的损失。

⑤ 产品质量标准和测试方法研究　试产前，为了规范产品出厂检测，稳定质量，面市销售推广，还要做制订产品质量标准和测试方法的文字编撰研究工作。

产品质量标准和测试方法，优先引用已有类似产品的国际、国家或者行业标准及其测试方法。缺乏合适的类似产品，就必须参照相应标准的条文，编制本企业的产品质量标准和测试方法。这里的“编制”工作，不是简单的文字编写，是需要开展系统的科学技术研究的。

⑥ 小批量试产和用户体验测评　小批量试产和用户体验测评是为产品的大规模生产、销售、推广做“临战准备”，绝非可有可无的环节。

遵照上面“④ 生产工艺流程的设计测试”里设计的生产工艺流程，按设计生产规模的1/10～1/5量做量产化小试生产。将其产品灌装在“测试品”样品包装里，提供给本企业的营销专柜或者有密切联系关系的美容店，请相应的顾客做用户体验测评。

（2）化妆品常用成分的搭配协同

化妆品在配方设计过程中，最重要的一点就是要考虑配方中成分之间的配伍性，避免添加后配伍性差，导致不能发挥预期的效能，白白浪费精力。

功效搭配是化妆品配方设计中至关重要的考量环节。不同原料成分具有不同的功效，它们的组合可以产生协同效应，从而增强和完善产品的功效。例如，抗氧化剂和保湿剂的搭配可以提供更好的抗衰老效果。然而，过多或不恰当的成分组合有可能导致相互抵触，降低产品的功效甚至产生不良反应。因此，产品开发需要仔细选择和搭配成分，以确保它们能够相互协调，发挥最佳功效。下面列举几种常见的成分搭配关系。

① 补水护肤成分的最佳“拍档”：维生素A（视黄醇的前体）＋神经酰胺，类视黄醇＋维生素C，透明质酸＋角鲨烷，壬二酸＋积雪草提取物。

② 阿魏酸、白藜芦醇、视黄醇3者之间搭配，有协同增强效果，蓝铜胜肽与依克多因、透明质酸钠之间也存在功效加强作用。

③ 防腐剂的通常搭配见表3-4。

表3-4　化妆品中配方防腐剂的常用搭配

搭配组序号	防腐剂名称	配比/%（质量分数）
1	MP(羟苯甲酯)	0.12
	PE(苯氧乙醇)	0.4
2	对羟基苯乙酮	0.5
	1,2-己二醇	0.5
3	戊二醇	2.5
	1,2-己二醇	1
4	对羟基苯乙酮	0.3
	1,2-己二醇	0.3
	乙基己基甘油	0.04

续表

搭配组序号	防腐剂名称	配比/%(质量分数)
5	MP(羟苯甲酯)	0.15
	氯苯甘醚	0.15
6	氯苯甘醚	0.1
	MP(羟苯甲酯)	0.12
	PE(苯氧乙醇)	0.2
7	MP(羟苯甲酯)	0.1
	杰马 BP	0.3
8	MP(羟苯甲酯)	0.1
	PE9010	0.3
9	苯甲酸钠	0.3
	山梨酸钾	0.15
10	DMDMH(含量约 50%)	0.35

注：1. 杰马 BP 为双咪唑烷基脲与碘丙炔醇丁基氨甲酸酯的组合；

2. PE9010 为苯氧乙醇与乙基己基甘油的组合；

3. DMDMH 为 1,3-二羟甲基-5,5-二甲基乙内酰脲（海因）。

(3) 化妆品常用成分的配伍禁忌

① 成分搭配的禁忌　原料成分的配伍禁忌，不可能列举详尽，所以不限于以下示例，应及时关注文献披露的信息，并在调试产品配方时，通过实验测试观察。

a. 铁盐与三乙醇胺不要搭配使用；阴离子表面活性剂和阳离子表面活性剂避免直接预混。

b. 海藻酸钠与钙离子会发生反应，生成凝胶；酒石酸与钙离子共存时会产生沉淀，在部分剂型中会以结晶析出。

c. 烟酰胺不能与高浓度的维生素 C 搭配，因为两者都是浓度越高刺激性越强的成分，搭配使用会刺激皮肤，诱发皮肤敏感。

d. 不同的酸不能叠加使用，否则会损伤皮肤的屏障，破坏角质层，严重时会大面积“爆痘”。视黄醇也不能与酸同时使用，因为酸类物质具有剥落角质的副作用，会大大降低视黄醇的抗衰老功效。

e. 乙醇对蛋白质有凝固变性的化学作用，两者搭配时，会破坏含有蛋白质成分化妆品的营养护理效能。

f. 香精和一般防腐剂，添加时应注意物料的温度，避免因温度过高导致香味变化失真和防腐效力降低。

② 活性/功能抵消失活

a. 防腐剂异噻唑啉酮（俗名卡松）在三价铁离子存在条件下稳定性变差。

b. 尼泊金酯类在含有强氢键的化合物（例如，聚山梨醇酯类、PEG-40 硬脂酸酯、蛋白质、卵磷脂、PVP、甲基纤维素等）共存的条件下发生失活，尼泊金酯类遇到不同黏土类化合物也会失活。

c. 吡啶硫酮锌（ZPT）与乙二胺四乙酸（EDTA）不能配伍，共同使用时会增加络合锌盐，导致体系变色。

d. 蓝铜胜肽内的肽键很脆弱，一般不要和螯合剂、高分子增稠剂、酸（典型代表有乳酸、抗坏血酸、辛酰羟肟酸）、卡波姆、淀粉等成分使用；蓝铜胜肽、三肽-1 铜、葡萄酸铜、葡萄酸镁的金属离子也不能与蛋白质搭配使用。

e. 维生素 C 不适宜和苯甲酸钠搭配使用，可能会有苯产生，维生素 C 不适合和蓝铜胜肽、EUK-134 搭配使用。［注：EUK-134 化学名称是乙基双亚氨基甲基愈创木酚锰氯化物，是一种人工合成的抗氧化剂，具有双重活性，类似于超氧化物歧化酶（SOD）和过氧化氢酶（CAT）的作用，能够抗氧化、提亮肤色、对抗光损伤、防止肌肤老化以及缓解皮肤炎症。EUK-134 能够显著降低（约 90%）暴露于 UVA 下的角鲨烯氧化物（SqOOH）水平，保护人类成纤维细胞避免葡萄糖和葡萄糖氧化酶引起的细胞毒性，并且能够防止体外β-诱导的微神经胶质细胞增殖］

f. 阿魏酸和三乙醇胺、苯氧乙醇、辛甘醇不相容；阿魏酸不宜在碱性条件下使用，也不适合与 EUK-134 搭配。

g. 熊果苷不宜与尼泊金甲酯搭配使用，不要和卡松搭配使用。熊果苷与苯乙基间苯二酚共存时很容易出现变色情况。

h. 乙醇会导致蛋白质变性失活，应避免和胶原蛋白、六胜肽搭配。

i. 植物提取物在添加量高时会导致体系黏度下降，对体系增稠时一定要选择耐离子的增稠剂。

j. 叶绿酸-铜络合物，与钙离子会发生沉淀。

(4) 典型化妆品品类的配方设计原理及配方分享

日化品，特别是化妆品，都是由多种具有不同性质的原料通过复配技术配制而成的热力学不稳定体系。为了达成各种不同的功能目标，需要选用各种原料进行搭配。尽管化妆品的剂型繁多、功能要求不一、使用的原料成千上万种。从各自所发挥的作用来看，化妆品中使用的每一种原料必定是基础原料（基质）、油水乳化、提黏增稠、防腐抗氧化、感官修饰、赋予特殊功效的其中一种，或者几种功能兼而有之。

对化妆品做配方设计研究，工作目标就是寻找到各种必需原料的种类、各自的较（最）佳用量、综合生产成本低廉。该过程当然少不了逐一确定每种原料的添加量，老道的配方师的设计思路，往往是按照原料在化妆品中的功能做初步归类，也就是常说的化妆品中的6个分体系：基质体系、乳化体系、增稠体系、防腐抗氧化体系、感官修饰体系、功效赋能体系，先考虑各个分体系内的用料搭配，然后综合调整分体系间的功能协调，由简及繁，迅速推进，避免形成多头交叉的混乱思维。6个分体系的用量在每个化妆品品类产品中，是大致相近的，称之为“配方结构”。

① 防晒护肤品　做好防晒护肤，一般离不开“ABC 3 原则”：A 即 avoid，尽量躲避阳光，在日光中紫外线很强的时段躲在室内或树荫下，避开紫外线的辐射；B 就是 block，通过使用器具遮蔽紫外线，如太阳帽、遮阳伞、面罩、防晒衣等；C 原则就是 cream，当上述 A 和 B 无法满足时，比如需要长期在室外工作、旅游或者露天操练，需要选用防晒化妆品。

防晒护肤品是夏秋时令出行劳作时常用的肌肤护理品，其设计不仅要满足对各种紫外光（UV）的高效防护要求，还需兼顾肤感、耐受性、环境友好及符合相应法规。

a. 功效体系　消费者对防晒护肤品的主要功能追求是减轻 UV 对肌肤的伤害，其功效赋能体系用料（防晒剂）的搭配是配方师优先考虑的内容。

现阶段使用的防晒剂分为化学防晒、物理防晒和生物防晒 3 类。

化学防晒的原理是防晒剂受到 UV 照射后，自身吸收 UV 能量，发生化学结构的改变，以此避免和减轻 UV 对肌肤的伤害。常用的化学防晒剂有：甲氧基肉桂酸乙基己酯（03352＃）、奥克立林（01062＃）、二苯酮（02087＃～02096＃）、胡莫柳酯（02932＃）。

物理防晒的原理是具有遮光反光性能的防晒剂呈微细薄片状稳定存在防晒霜中，把物理型防晒霜按照某一个方向涂抹在皮肤上后，利用该微细薄片的“膜层”来阻隔和反射 UV 对皮肤的照射，避免和减轻 UV 对肌肤的灼伤。常用的物理防晒剂有：纳米级氧化锌（07475＃）和纳米级二氧化钛（02210＃）。

生物防晒的原理是在物理防晒和化学防晒的基础上增加了生物制剂的成分，对受损的皮肤有一定的修复作用。生物防晒霜虽然含有生物制剂，但生物制剂并不能真正起到预防紫外线损伤和照射皮肤的作用。缘于生物防晒霜同时含有物理防晒剂、化学防晒剂和生物制剂，可使防晒不留死角，维持肌肤水分含量，均衡肤色，对日晒引起的色斑有明显的改善修饰作用。常见的生物制剂有：维生素 C（04092＃）、维生素 E（06029＃）、烟酰胺（07359＃）、谷胱甘肽（02586＃）、β-胡萝卜素（01009＃）等。

b. 基质体系、乳化体系、增稠体系、防腐体系、修饰体系　对于各种品类的化妆品，其中常用的基质体系、乳化体系、增稠体系、防腐体系、修饰体系具有类同性。基质体系就是用于分散承载化妆品原料的介质组合，如去离子水、溶剂或固体微粉、纸/布载体。乳化体系由一种或几种离子、非离子和/或生物质表面活性剂构成，使得本不相溶的油性和水性原料能够降低其表面能、发生乳化而稳定共存。增稠体系是为了增加化妆品的黏稠度，延长其热力学不稳定状态的存续期，同时赋予方便使用的形态，其成分多为天然或者化学合成的黏滞性树脂。防腐体系针对化妆品原料自带以及贮存环境中的有害微生物，进行杀灭、失活的添加剂，通常由一种或几种防腐剂搭配使用，参见上述本节的“（2）化妆品常用成分的搭配协同”之“③防腐剂的通常搭配”。修饰体系是为了赋予化妆品具有愉悦的视嗅觉和体触感而加入的色料（包括染料和颜料）、香味料（香精香料、精油等）、成型（成膜和脱模）剂等。

上述 5 种分体系中，各自可供使用的优选原料、通常搭配、适宜用量范围、禁忌事项，每位化妆品配方师都有足够的认知和实操经验，本书编著者不想赘述，浪费读者的宝贵时间。某些原料在多个分体系里都发挥功效，它们的配比用量在配方表中不在各个分体系一一罗列，而是归总在某一个分体系中列示。余下 3 种典型化妆品举例的配方表也做相同处理。

对余下 3 种典型化妆品品类的配方设计原理也只简述其中的功效赋能体系，生产配制工艺也不做介绍。

c. 典型防晒霜的配方分享（表 3-5）。

表 3-5　典型防晒霜的配方

分体系类别	使用原料名称	配方量/%(质量分数)
功效	甲氧基肉桂酸乙基己酯	6.0
	二氧化钛	3.0
	水杨酸乙基己酯	2.0
	鲸蜡硬脂醇	2.0
	油酸乙酯/硬脂酸乙酯/亚油酸乙酯/牛油果树脂不皂化物	2.0
	4-甲基苄亚基樟脑	1.5
	二苯酮类	1.5
	双-乙基己氧苯酚甲氧苯基三嗪	1.0
	鲨肝醇	0.3

续表

分体系类别	使用原料名称	配方量/%(质量分数)
基质	丁二醇	5.0
	环五聚二甲基硅氧烷/环己硅氧烷	3.0
	丙烯酸(酯)类共聚物	2.0
	辛基聚甲基硅氧烷	2.0
	丙烯酸钠/丙烯酰二甲基牛磺酸钠共聚物/聚二甲基硅氧烷/十三烷醇聚醚-6/PEG18/PPG18 聚二甲基硅氧烷	2.00
	三甲基硅烷氧基硅酸酯/聚甲基硅倍半氧烷	1.5
	去离子水	加至 100
乳化	山嵛醇/聚甘油-10 五硬脂酸酯/硬脂酰乳酰乳酸钠	2.5
	甲基葡糖醇聚醚-20	2.0
	双-PEG-18 甲基醚二甲基硅烷	1.0
	甲基硬脂酰基牛磺酸钠	0.3
增稠	苯乙烯/丙烯酸(酯)类共聚物	3.0
	黄原胶	0.2
防腐	苯氧乙醇/辛甘醇	0.6
	对羟基苯甲酸甲酯	0.2
修饰	香精	0.05

这是一款同时含有化学防晒和物理防晒成分的配方。产品外观无明显泛白，水润不油光，铺展性佳，防晒指数高达 SPF30＋。虽然具有高指数防晒，但肤感并不油腻，还有防水能力。

鲸蜡硬脂醇在化妆品、护肤品中的主要作用是充当柔润剂、增稠剂和乳化剂。该成分能够帮助产品更容易延展于皮肤表面。常用来改善产品的质地、触感和使用感受，提高产品的质量和功效。在此配方中用作保湿剂。

鲨肝醇中的维生素 A 和维生素 D 具有抗氧化作用，能够清除皮肤内的自由基，减缓细胞老化，增强皮肤抵抗力。

牛油果提取物与其他植物油脂相比，其不皂化物含量非常高，在护肤品中具有保湿、抗氧化、防晒、滋养肌肤等多种作用。

水杨酸乙基已酯是一种 UVB 防晒剂，其作用是可以拓宽紫外线的防护波段，从而使得防晒效果更佳。

4-甲基苄亚基樟脑（4-MBC）是一种 UVB 紫外线过滤剂，因为它能够通过光诱导的几何异构化（顺反光异构化）将吸收的辐射作为热量消散，可添加到包括防晒霜在内的化妆品中。

双-乙基己氧苯酚甲氧苯基三嗪被广泛应用于各种防晒产品中，包括防晒霜、防晒乳液、防晒喷雾等。它不仅能够为肌肤提供全面的紫外线防护，还能确保防晒效果的持久性和稳定性；能够有效吸收并中和紫外线，特别是实现宽谱防护，既包括 UVB（波长 290～320nm）部分，也能全面覆盖 UVA。

甲氧基肉桂酸乙基己酯在护肤品中作为有效的防晒成分，能有效吸收 UVB 区的 280～310nm 紫外线，具有较高的吸收率，同时对皮肤的刺激性较小。

金红石型二氧化钛主要通过反射和散射紫外线来保护皮肤免受伤害，特别是对于 UVA 和 UVB 波段，减少紫外线穿透皮肤，预防晒伤、光老化和光敏性皮肤病，具有优异的防晒功能。

环五聚二甲基硅氧烷在化妆品里主要用作溶剂、柔润剂、增稠剂，常添加于精华、乳液、粉底、妆前霜中。环己硅氧烷是硅油的一种，在化妆品中是作为成膜剂、顺滑剂使用，含有环己硅氧烷的化妆品的肤感会变得顺滑，在皮肤上更容易涂抹。

② 抗衰老护肤霜

a. 配方设计思路　现代医学探明，导致人体皮肤衰老有三大成因：ⅰ. 自然衰老：由于年龄的增长，肌肤中胶原蛋白逐渐缺失，皮下脂肪减少使面部和身体其他部位出现弹性变差，直至出现皱纹、色斑。ⅱ. 光老化：由于受到紫外（光）线的辐射，使皮肤的组织受到破坏，不但形成色素，还可能使弹性变差、老化。ⅲ. 不良的生活方式：由于熬夜、不按时进食或者饮食营养代谢失衡（过多摄入高糖食物，导致糖基化产物堆积在皮肤上，引起皮肤老化），造成皮肤衰老。

使用玻色因精华霜，主要是针对光老化引起的衰老。其配方思路应该考虑以下 3 个方面：ⅰ. 选用合适的抗光氧化的成分，如玻色因、二裂酵母等；ⅱ. 添加保湿补水成分，可以选择透明质酸钠、甘油等保湿剂，以补充肌肤的水分含量，增强肌肤的弹性和光泽；ⅲ. 选择合适的载体成分，如水、植物油或乳化剂等，将各种功能成分均匀稳定地分散在体系中，提高产品的稳定性和功能性。

根据各个成分的特性和对功效的支撑，合理设计配方比例。一般来说，水相成分的比例占到总配方量的 60%左右，油相成分 25%，功能成分 10%，稳定剂占 5%。安全性上的考虑，应选择经过安全性评估和皮肤刺激测试的成分，避免使用时引起刺激或过敏反应。

b. 功效体系的设计　根据光老化引起的肌肤衰老机理，可选取以下几类成分构成该功效体系：

ⅰ.抗氧化、清除自由基类成分：超氧化物歧化酶有明显的防晒、抗炎效果，能有效防治皮肤衰老、抗皱，起到抗氧化酶的作用；谷胱甘肽能够与多种化学物质及人体代谢产物结合，清除体内的许多自由基，保护细胞膜的完整性，使细胞免受伤害，从而维持细胞的正常代谢，具有抗脂质氧化作用；维生素及其衍生物，如维生素 E、维生素 C 等。

ⅱ.抗糖基化反应成分：从阻止糖基化终产物的形成着手，常用原料有：肌肽、葛根素、地黄提取物等，可以延缓衰老。

ⅲ.防紫外线损伤的成分：UVR（紫外线辐射）是造成皮肤光老化的罪魁祸首。减少紫外线的照射，抵御紫外线损伤是抑制光老化的最根本途径。标志性原料是紫外线吸收剂（水杨酸酯类、二苯酮类衍生物、肉桂酸酯类）和紫外线反（散）射剂二氧化钛、氧化锌。

ⅳ.保护成纤维细胞，促进胶原蛋白合成的成分：成纤维细胞具有分泌和合成胶原蛋白和弹性蛋白的能力，对维持皮肤的弹性和紧致光滑有着重要的作用。可用原料如：水解胶原蛋白、水解大豆蛋白、视黄醇、辅酶 Q10 等。

ⅴ.提高防御能力，修复皮肤免疫系统的成分，如富勒烯、益生菌类。

c. 典型抗衰老护肤霜的配方分享（表 3-6）。

表 3-6 蛋白防皱抗衰老面霜的配方

分体系类别	使用原料名称	配方量/%(质量分数)
功效	牛油果树果脂	2.0
	双 PEG-18 甲基醚二甲基硅烷	2.0
	假交替单胞菌发酵产物提取物/辛甘醇	2.0
	氢化卵磷脂	2.0
	植物甾醇低芥酸菜籽油酸酯	0.5
	生育酚乙酸酯	0.1
基质	甘油	4.0
	鲸蜡硬脂醇	3.0
	丙烯酸钠/丙烯酰二甲基牛磺酸钠共聚物/聚二甲基硅氧烷/十三烷醇聚醚-6/PEG18/PPG18 聚二甲基硅氧烷	3.0
	二丙二醇	3.0
	低芥酸菜籽油	2.0
	硬脂酸	1.0
	去离子水	加至 100

续表

分体系类别	使用原料名称	配方量/%(质量分数)
乳化	甲基葡萄糖醚-10	2.0
	氨甲基丙醇	1.2
	PEG-75/牛油树脂甘油酯类	0.5
	甲基硬脂酰基牛磺酸钠	0.2
增稠	乙基己酸鲸蜡酯	5.0
	丙烯酸(酯)类/C10-31烷醇丙烯酸酯交联聚合物	0.2
	黄原胶	0.15
防腐	苯氧乙醇/辛甘醇	0.6
	对羟基苯甲酸甲酯	0.2
修饰	香精	0.05
	EDTA二钠	0.05

采用天然大豆来源的氢化卵磷脂，帮助有效护肤成分的吸收，温和无刺激，对皮肤亲和性好，增强皮肤屏障功能，提供持久滋润和保湿感，从而具有抗皱功能。

牛油果树果脂是一种天然的保湿剂，它含有丰富的脂肪酸和维生素 E，具有很好的保湿效果。将其添加到护肤品中，可以帮助肌肤吸收和保持水分，防止肌肤干燥，让肌肤保持柔润光滑。

低芥酸菜籽油中含有不饱和脂肪酸，这些脂肪酸有助于滋润皮肤，补充皮肤表面的油脂，增强皮肤的保湿能力。在化妆品中作柔润剂、皮肤调理剂使用。低芥酸菜籽油中富含的维生素 E 是一种重要的抗氧化物质。它可以中和自由基的活性，减少氧化反应的发生，从而对抗因氧化而导致的皮肤老化、皮肤色素沉着等问题。

植物甾醇油酸酯在化妆品、护肤品里主要作用是柔润剂。生育酚乙酸酯既是皮肤调节剂，也是抗氧化剂，在用于化妆品成分时，有防止阳光紫外线损伤皮肤等保护作用。

假交替单胞菌发酵产物提取物在化妆品、护肤品里主要作用是保湿剂，控油抗脂溢，收敛剂。

③ 祛痘啫喱

a. 配方设计思路　青春痘是一种由多种因素综合作用引发的青春期肌肤问题，其病因主要有：ⅰ. 皮脂分泌旺盛；ⅱ. 毛囊部位角质层过度角化，堵塞毛孔；ⅲ. 毛囊皮脂腺内痤疮杆菌过度繁殖；ⅳ. 局部微生态引发炎症反应。设计祛痘产品应选择油分较少的剂型，多为O/W（水包油）乳液剂。乳化剂宜选择配伍后增稠不明显、肤感轻薄的品种，增稠剂以长/短流变的品种相互搭配，表面活性剂要强调控油、低刺激。

b. 功效体系的设计　互生叶白千层叶油在化妆品、护肤品里主要作用是收敛剂，抗炎剂，气味抑制剂，抗菌剂。

丹参根提取物用在化妆品、护肤品里，作为保湿剂、健美功效成分，能够有效抑制皮肤脂质氧化，改善暗疮、色斑，调节水油平衡；丁香花和黄芩根提取物能捕捉自由基，具有抗氧化性；甘草根提取物则能有效抑制黑色素的生成，同时还会防止皮肤粗糙。月桂氮卓酮为皮肤调理剂、助渗透剂、透皮促进剂。

膜荚黄芪根提取物能促进化妆品中的其他有效成分（美白保湿、祛痘、抗衰等）发挥作用。

己脒定二（羟乙基磺酸）盐在化妆品中主要作为防腐剂、去屑止痒剂、抗痤疮祛痘剂和皮肤灭菌剂使用，具有广谱的抗菌和杀菌性能，对皮肤温和且具有良好的抗刺激作用。

c. 典型祛痘啫喱的配方分享（表3-7）。

表3-7　祛痘啫喱的配方

分体系类别	使用原料名称	配方量/%(质量分数)
功能	丁二醇/丹参根提取物/丁香花提取物/黄芩根提取物/甘草根提取物	5.0
	月桂氮卓酮	5.0
	丁二醇/水/胶黄芪根提取物/防风根提取物/金盏花提取物/合欢花提取物/天麻根提取物	2.0
	白千层叶油	0.2
	己脒定二(羟乙基磺酸)盐	0.08
基质	氯化钠/木瓜蛋白酶/卡波姆钠/卡波姆	1.0
	丙二醇	5.0
	甘油	5.0
	去离子水	加至100
乳化	月桂醇聚醚硫酸酯钠(25%)	2.2
	PEG-40氢化蓖麻油	2.0
增稠	羟乙基纤维素	0.5
	丙烯酸(酯)类/C10-30烷醇丙烯酸酯交联聚合物	0.3
	黄原胶	0.3

续表

分体系类别	使用原料名称	配方量/%(质量分数)
防腐	丁二醇/10-羟基癸酸	2.0
	苯氧乙醇/羟苯甲酯/羟苯乙酯/乙基己基甘油	0.5
修饰	三乙醇胺	0.2
	EDTA 二钠	0.05

④ 保湿滋润柔肤水　在化妆品剂型中，乳剂类是最多的，水剂、油剂以及凝胶剂产品也较为常见，而且各具特色。水剂是以水为主体、整体具备水的流动性，品名上时常冠以“水”“液”“露”字眼。水剂型化妆品主要包括：把某些香料物质溶解在酒精中制得的透明性液体——香水类；油分含量较少、使用舒爽、作用广泛的化妆水。

化妆水一般为透明或半透明液体，通常在早晚洁面后使用，给皮肤角质层补充水分和营养，使皮肤柔软。消费者对于化妆水的普遍性功能要求是，具有良好的保湿、肤感（滋润易铺展)、润肤、紧致、清洁、营养平衡和辅助护理。市面上的品类有：a. 柔肤水：软化角质、皮肤表层润湿，弱酸至弱碱性均可；b. 紧肤水：抑制皮肤分泌过多的油分和调节皮肤，一般呈微酸性；c. 爽肤水：具有一定程度的清洁作用，平衡皮肤酸碱度，补充水分，通常呈微碱性；d. 营养水：含高营养性的精华物质，营养滋润皮肤；e. 须后水：缓解剃须后所造成的刺激，具有清凉、杀菌的作用，一般呈微酸性；f. 止痒水（俗称花露水)：去除皮肤表面痱子，具有杀菌、消毒、止痒祛痛的作用。

往化妆水中添加不同的功能性原料，可赋予产品不同的特殊功效，如延缓衰老、防晒、抑制粉刺炎症等，衍生出美白活肤水、防晒水、祛痘水等品类。

保湿滋润化妆水的配方成分主要有水、醇类、保湿剂、润肤剂、柔软剂、增溶剂、增稠剂、功效性添加剂、香精、色料和防腐剂等。

a. 配方设计思路　ⅰ. 根据目标消费群的性别、年龄、皮肤性质和消费理念，选择和搭配功效成分；

ⅱ. 筛选有良好润肤和柔软效能的皮肤调理剂、增溶剂，调节产品的肤感和流变性；

ⅲ. 添加适宜的香精、色料和防腐剂，保障产品具有悦目的观感、稳定性和安全性。

b. 功效体系的设计　化妆水的主要功能是保湿，因此配方设计应围绕保湿剂的选择和复配进行，确保产品具有良好的保湿效果。

本方选取甘油聚醚-26、法国蔷薇花提取物、PEG-32、二苯基聚二甲基硅氧烷、聚甘油-10油酸酯、氢化卵磷脂、多种多元醇提供保湿性。

添加少量的尿囊素强化吸水和保湿作用。其原理是软化皮肤最外面的角质层，使其吸水能力增强，减少水分的丢失，起到滋润护肤的作用，使皮肤变得光滑、湿润、柔韧。尿囊素还具有促进皮肤再生修复的功能，有轻度的抗炎、抗感染的作用，可加速伤口愈合。

c. 典型保湿滋润化妆水的配方分享（表3-8）。

表3-8 保湿滋润化妆水的配方

分体系类别	使用原料名称	配方量/%(质量分数)
功效	甘油聚醚-26	2.5
	甘油,法国蔷薇(ROSA GALLICA)花提取物,脱氢黄原胶,苯甲酸钠,柠檬	2.0
	辣木籽提取物	2.0
	PEG-32	1.0
	甘油,甘油三(乙基己酸)酯,二苯基聚二甲基硅氧烷,聚甘油-10油酸酯,氢化卵磷脂	1.0
	1,2-戊二醇,1,2-己二醇,辛酰羟肟酸	0.6
	尿囊素	0.1
基质	水	加至100
乳化	双-PEG-18甲基醚二甲基硅烷	1.0
	甲基葡糖醇聚醚-20	1.0
增稠	聚丙烯酰基二甲基牛磺酸钠	0.4
	羟乙基纤维素	0.1
防腐	苯氧乙醇/辛甘醇	0.6
修饰	色素	0.4
	PEG-40氢化蓖麻油	0.4
	三乙醇胺	0.14

本品为淡黄色透明液体，柔滑、滋润保湿；肤感舒适，不黏腻。

3.1.3 支撑特色功效的技艺

(1) 日化品生产常规流程及单元操作简介

惯常的日化品主要有4种类型：芳香类、洗护类、蜡基类和粉基类，常规的生产流程如图3-3所示。其中典型的单元操作有：物料分散、搅拌均质、升温融化、过筛过滤、倒模成型。

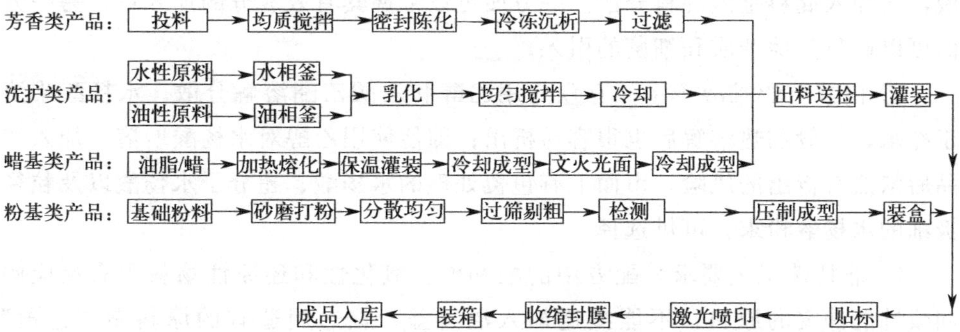

图 3-3　日化品生产常规流程示意图

注：洗护类产品包括洗发、沐浴、洗手、膏、霜、乳液、液体面膜等。

① 物料分散　物料分散主要是对固态原料做前期处理，包括粉碎、砂磨、球磨、微胶囊化包覆隔离，使其表面积增加，活性位点充分暴露，或者负载能力更大。

② 搅拌均质　搅拌均质则是针对不相溶的多相液体原料，在配料混合环节进行的。这个过程往往需要借助表面活性剂的参与，降低相间界面张力，延长乳化状态的存续时间。水相釜和油相釜内的物料，在混合乳化之前，需要保持基本一致的温度，避免某相里的某些物料因为急速冷却或受热发生凝结或挥发。使用到的设备包括各种形式的机械搅拌、高剪切乳化机、胶体磨、循环泵等。

③ 升温熔化　对于熔点（凝固点）较高的物料，为了使其呈分子级均匀分散，需要将它们加热变成液态后再做混合。与其他组分分散均匀后，借助表面活性剂的成胶束和乳化功能，持久维持该分子级分散状态的稳定存在。还要注意，非特殊工艺要求，灌装前物料冷却至室温的速度也不能太快，以免发生集聚形成大颗粒“结晶”。

④ 过筛过滤　依据半成品的形态，粉状物料做过筛，液态物料做过滤，进一步打散和剔除粗颗粒及杂质，使成品内部形态基本均一。

⑤ 倒模成型　对蜡基产品或者棒/块状使用的产品，需要借助合适的模具和成模剂，将半成品导入其中冷却凝结成型，赋予其良好的外观形状。必要时，还要通过“文火”温热其表面，或用小刀刮去毛刺，使产品外观光滑圆润，提高视觉美感。

（2）某些功效原料需要特殊处理

① 天然的动植物及矿物成分，宜使用合适的溶剂做萃取，预先制成稀溶液，再加入混料釜做混料分散。一方面可以掌握其有效成分的加入量，另一方面可以避免其他杂质和细菌的引入。

② 白藜芦醇难溶于水，宜预先用乙醇和乙酸乙酯溶解分散。水杨酸难溶于冷水，一般加热溶解后也很容易析出；即使使用乙醇对水杨酸增溶，加入产品后依然有析出的风险。市面上有包覆处理的水杨酸、超分子水杨酸以及粒径极细的水杨酸粉末，可供选择。

③ 非特殊工艺要求，配方中的酸和碱、氧化性和还原性物料等有反应倾向或性能冲突的原料，不能接连加入混料釜，宜选用适宜的原料做“包覆”“隔离”处理。

④ 对羟基苯乙酮与多元醇配合使用时，宜加热到约70℃，提高它们的相互溶解速度。苯氧乙醇添加量超过0.5%，会存在发热情况，通常选择与乙基己基甘油搭配使用。

⑤ AES（脂肪醇聚氧乙烯醚硫酸钠）、某些增稠剂树脂等原料，虽然具有良好的水溶性，但在浓度较高时与水接触，会产生凝胶现象，导致溶解分散缓慢。为了提高溶解效率，宜选择使用配方中的原料，如烷基醇酰胺、氧化叔胺、AOS（烯基磺酸钠）等做预溶解、稀释。

⑥ 赋香、调色、防腐和调整酸碱度的添加剂的加入，通常会引起物料体系的黏稠度、颜色等外观指标的变化，应将它们推迟到产品放料出釜前30min内、物料温度低于50℃时加入，混合均匀后出料灌装。

（3）彰显原料特色功效的新特技艺

高新技术的应用对行业的发展举足轻重，科技高含量会促进产品更新换代，大幅增加附加值和超额利润。在日用化工领域，国内外正大力采用纳米技术、（微）生物工程、微胶囊化、脂质体技术、胆甾相液晶、高压气流粉碎技术、分子级精馏、超临界流体萃取、行星式强化搅拌、超剪切乳化、胶体磨循环分散等高新科技工艺，在原料生产和预处理、混配料均质化、强化功效作用发挥等方面，推动日化产品的体验效果呈阶跃式提升。

① 高压气流粉碎技术、纳米技术、微胶囊化技术是针对固态粉体物料实施的，目标在于让原料的功能活性位点充分暴露，且能够持续稳定地发挥功效。在这方面，传统的粉碎方法是无能为力的。

②（微）生物工程、分子级精馏、超临界流体萃取、胆甾相液晶、脂质体技术旨在精准制造和提纯功效性原料，提高原料的纯净度。虽然日化产品都是多种原料复配的混合物（体），但是，选用的原料还是越纯越好，可以排除其

他非有意添加的微量物质的负面作用。

③ 行星式强化搅拌、超剪切乳化、胶体磨循环分散技术则是在混合均质分散阶段使用的，不仅显著提高混合效率，缩短混料时间，而且对产品形态稳定、彰显特色功效有积极作用。

3.2 日化品特色功效的呈现

2021 年 2 月，国家药品监督管理局公布了《化妆品注册备案资料管理规定》，自 2021 年 5 月 1 日起，对化妆品的功效宣称进行评价，需要上传产品功效宣称依据的摘要。不同的功效宣称对应不同的功效评价要求。

对于日化品特色功效宣传，要讲究“实事求是”，避免在标识和功效宣称中出现“药妆”“医学护肤品”等不实的夸大宣传，切忌落入某些涉嫌商业炒作的伪概念陷阱中。诸如“干细胞”“表皮生长因子（EGF）”“活性微生物”“基因修复”“量子科技护肤”“注氧/富氧”“黄金美容”“械字号面膜/医美面膜”“食品级化妆品”，都会受到药监和市场监管部门的虚假宣传处罚。

3.2.1 化妆品安全性评价

化妆品已是人们日常生活的必需品，其质量安全关乎人们健康。国家药品监督管理局 2020 年 7 月发布了“关于征求《化妆品安全评估技术导则（征求意见稿）》和《化妆品分类规则和分类目录（征求意见稿）》意见的函”，其中《化妆品安全评估技术导则（征求意见稿）》对保障化妆品使用安全，规范化妆品安全评估，制定了具体的指导规则。其中重要的评价是理化稳定性评价、防腐效能评价、化妆品与包材相容性评价。

（1）化妆品理化稳定性评价

化妆品是多种组分的混合物，从研发、生产，直至营销和消费者实际使用期间，它的性质或多或少会发生一些变化。因此，化妆品的稳定性一直是研发人员、生产厂家和消费者共同关注的话题。在产品面市前，生产厂家必须确认在正常仓储、临时贮运、甚至在消费者使用不当的情况下，在特定的期限（如“货架寿命”或“截止使用日期”“使用期限”）内，满足安全、稳定和有效的要求。

评价化妆品的稳定性，必须考虑的因素很多，出于时间和检测成本所限，需根据产品的品类，考虑测量某些关键性的指标，以此评估该产品的稳定性。

化妆品稳定性评估一般包括：物理化学稳定性试验（一般物理化学参数变化，特别是乳化体系稳定性），耐温度和湿度稳定性试验、色调稳定性试验、耐光性试验、气味稳定性试验、防腐试验、功效成分或者活性成分稳定性。

我国《化妆品监督管理条例》规定，使用化妆品新原料、特殊用途化妆品在投放市场前均须进行安全性评价。相应的《化妆品安全评价程序和方法》规定了化妆品评价程序和评价的标准方法，共 5 个程序 17 项评价指标和方法。普通化妆品备案时必须完成的安全性评估如下：

① 在原料选择和配伍组方研究开发时，必须确认各个原料之间是否存在化学和/或生物学相互作用，并延伸评估该相互作用可能产生的潜在安全风险。如存在潜在安全风险的，应当结合相关文献研究资料或理化实验数据，进行风险评估。

② 对上市营销的每个批次的化妆品产品，应结合产品的具体情况评价相关理化指标。一般包括以下参数：a. 物理形态；b. 剂型（乳液、粉等的均一性）；c. 感官特性（颜色、嗅味等）；d. pH 值；e. 黏度（在指定温度条件下）；f. 根据具体需要的其他指标。

（2）化妆品防腐效能评价

在生产和使用过程中，化妆品极易受到微生物的污染。微生物一旦开始繁殖，不仅会破坏化妆品的嗅味、色泽和功效，其代谢物还可能会刺激消费者的皮肤，严重时会引起过敏反应。化妆品防腐效能评价是一种用于评估化妆品防腐体系有效性的预备性工作，是将一定量的、指定品类的、有代表性的微生物引入到化妆品中，模拟它们在化妆品生产和使用中的繁殖情况。

化妆品防腐效能评价可采用单一培养或混合培养方式，即分别接种某种测试菌株的菌悬液，或同时将几种细菌或真菌的混合液接种于化妆品中，在接种后的一定时间内对化妆品中微生物的生长菌落进行平板计数，以此判断防腐剂的防腐效能。

化妆品防腐效能评价实验测试菌株的选用原则为：①包括革兰氏阳性和阴性细菌；②酵母菌和霉菌至少各一种；③测试菌株对各种常用防腐剂的抵抗性能，代表化妆品高危污染微生物对该防腐剂的抵抗性；④可根据化妆品的性质、生产、使用环境等增加菌株。一般较常用的菌株为金黄色葡萄球菌、大肠杆菌、铜绿假单胞菌、白假丝酵母菌和巴西曲霉等。

观测时间为，在化妆品中加入微生物时（根据加入菌液浓度和化妆品质量/体积计算的理论浓度），以及第 1、7、14、21、28 天检测化妆品中的菌落数。判定标准：细菌于第 7 天时菌落总数下降 99.9%，至第 28 天时无增长；

真菌于第 14 天下降 99.0%，至 28 天时无增长，判断为防腐效能良好。

(3) 化妆品与包材相容性评价

根据《化妆品安全评估导则（2021 年版）》，化妆品安全评估不仅需要结合产品的具体情况评价相关理化稳定性，还要对产品内容物接触容器或载体的相容性进行风险评估。

为化妆品选择包材时，化妆品注册人、备案人可根据化妆品的成分、风险等级等实际情况对化妆品与包材的相容性进行评估。包括但不限于选择合适的模拟液对包材开展浸出物研究报告，化妆品产品历史安全性数据或报告，根据食品、药品或自建的方法对化妆品的包材已开展的相容性研究报告，参考包装或载体供应商提供的安全资料数据或声明或质量控制报告等资料，对化妆品与包材的相容性进行风险评估。

对于相容性测试，尽管各机构采用的测试方法各不相同，但操作程序都是将产品长时间存放于包材中，放置在人为制造的较为苛刻的环境下，观察样品与包材的变化。如果发生瓶体开裂、变形，内容物变色、气味发生变化等，则判定为相容性评估不合格，需要再做批量加大的测试，或者另外选择包材。

3.2.2 特色功效的第三方评价

化妆品功效成为现阶段研发新品、开拓市场的核心。以功效为主导，熟悉化妆品功效分类、宣称评价要求尤为重要，是开发功效型产品的第一步。依据《化妆品功效宣称评价规范》的要求，自 2022 年 1 月 1 日起，我国化妆品行业正式进入功效评价时代。

(1) 化妆品功效宣称的类别

按照《化妆品分类规则和分类目录》之附表一“功效宣称分类目录”的规定，新规下化妆品功效共分为 4 大类 26 种。

① 免于公开摘要的功效，即能够通过视觉、嗅觉等感官直接识别的功效：a. 清洁；b. 卸妆；c. 美容修饰；d. 芳香；e. 爽身；f. 染发；g. 烫发；h. 发色护理；i. 脱毛；j. 除臭；k. 辅助剃须剃毛。

② 可仅用文献资料或研究数据说明的功效：l. 保湿；m. 护发。

③ 需采用“三选一”（人体、消费者、实验室）方式做评价的功效：n. 抗皱；o. 紧致；p. 舒缓；q. 控油；r. 去角质；s. 防断发；t. 去屑。

④ 需开展人体试验宣称的功效：u. 祛斑美白；v. 防晒；w. 防脱发；x. 祛痘；y. 滋养；z. 修护。

以上 26 种功效的定义、宣称用词示例和备注事项，详见“功效宣称分类目录”。另预留有“特定宣称”和“新功效定义”2个名目。

⑤ 特定宣称：宣称适用敏感皮肤、宣称无泪配方应当通过人体功效评价试验或消费者使用测试的方式进行功效宣称评价。

⑥ 新功效定义：不符合上述26种分类的其他功效，均属于新功效。宣称示例：防蓝光、防污染、抗氧化、平衡酸碱、抑汗、止汗、抑毛、延缓毛发生长等。

（2）特色功效宣称的第三方评价

需通过人体试验证明有效才能宣称的祛斑美白、防晒、防脱发、祛痘、滋养、修护和其他特定宣称、新功效定义的功效，不能仅凭生产营销者的人体、消费者、实验室“三选一”测试报告自圆其说，必须要取得国家药监部门认证的第三方权威机构的测试评价证明其显效属实，否则也会受到药监和市场监管部门的虚假宣传的处罚。

在市售的特色功效化妆品中，祛斑美白、防晒、防脱发、祛痘、滋养、修护功效已被消费者推崇多年，商品众多，国家药品监督管理局已经颁布了《化妆品功效宣传评价规范》和各个特色功效的评价方法，明确化妆品功效宣称评价试验方法应当优先选择我国化妆品强制性国家标准、技术规范规定的方法或我国其他相关法规、国家标准、行业标准载明的方法，上述两类方法未作规定的，可以选择国外相关法规或技术标准规定的方法，或国内外权威组织、技术机构以及行业协会技术指南发布的方法，专业学术杂志、期刊公开发表的方法，或自行拟定建立的方法。

（3）注册人、备案人对功效宣称的合法性、真实性、准确性等负主要责任

化妆品的功效宣称是消费者判断一款产品是否满足其预期需求并作出购买决策的重要依据。化妆品注册人、备案人是功效宣称的责任主体，应当严格落实法规要求，强化企业自律，以诚信铸品牌，用功效赢口碑。在产品研发之初就应该明确功效定位，以充分的评价依据为产品功效宣称提供背书支持。

3.2.3 第三方权威机构评价测试

表3-1显示，人体功效评价试验是现行所有功效宣称时必做或者可选试验项目，在国家相关法规里，是说服力认可度最高的，也就是第三方权威机构的评价测试报告。

这里的“第三方权威机构”，特指获得国家药监部门授权认证的化妆品功效评价机构（实验室）。截至2023年7月，在国家药品监督管理局官网能够检索到的化妆品注册和备案检验检测机构有170家。化妆品检测并不是简单的检

测，而是一个完整的体系，既要有完善的质量体系，也要有匹配的技术能力。其中，资质认证，是专业化妆品功效检测与评价机构的基础。

按照《化妆品注册和备案检验工作规范》要求，具备承担化妆品注册和备案检验工作的所有资质条件是：①必须取得中国计量认证，即化妆品检验检测机构资质认定（CMA）；②取得资质认定的能力范围能够满足化妆品注册和备案检验工作需要（尚未纳入 CMA 认定范围的检验项目除外）；③检验检测机构一般应具备法人资格，非法人资格的检验检测机构需经其所属的法人单位授权，并能够承担第三方公正检验，开展检验检测业务活动；④对于从事化妆品人体安全性与功效评价检验的检验检测机构，还应当配备两名（含两名）以上具有皮肤病相关专业执业医师资格证书且有五年（含五年）以上化妆品安全与功效评价相关工作经验的全职人员；⑤建立受试者知情管理制度和志愿者管理体系，并具备处置化妆品不良反应的能力。

上述第③条表明，这里的“第三方权威机构”，不一定要求具有独立的法人资格，可以是经其所属的法人单位授权，并且能够承担第三方公正检验，开展检验检测业务活动的二级单位，该类机构对本企业的产品做评价测试，就不是“第三方”了。因此，某些测试仪器齐全、技术力量雄厚、检测业务公正信誉度高的企业实验室，也可以申请获得国家药品监督管理局的认证，一方面可以承接本企业化妆品的功效评价，另一方面还能对外开展相关测试评价业务。

3.2.4　特色功效的消费志愿者体验

化妆品的特色功效，不仅仅是产品销售的广告背书，消费者不会仅凭第三方评价报告就给予青睐和选购，他们更看重的是使用后自己获得的实际功效。为此，在创新化妆品投放市场之前，还要开展消费志愿者对特色功效的感受体验和认可评价。

化妆品特色功效的消费志愿者体验，不同于功效宣称的第三方评价，一般不会采用国家药品监督管理局制订的相关法规载明的方法和程序，而是由企业自行拟定针对特定产品的体验指标制订的。

（1）征集消费志愿者

为了保障消费志愿者体验的真实可信性，需要征召足够数量的自愿体验的潜在消费者，参加化妆品生产或营销企业的产品体验测试。志愿者的性别、年龄、职业特征对应于产品的目标消费群，每批次测试的征召人数在 20～50 人不等，满足样本数和代表性的要求。来源优先取自测试地附近，城镇和乡村无差别化对待。

（2）志愿者体验项目（指标）的确定

基于化妆品功效宣称的技术效果，组织消费者体验的生产或营销企业，可以与营销专柜或相关美容店的专业人员共同商讨，制订观感明确（最好能够量化）的体验项目（指标）和评价方法，由志愿者本人或专柜、美容店的专业人员辅助做试用体验。体验测试的当天乃至5～7天（产品功效显现期）分别给予评定打分，也可以给志愿者免费提供市场上普遍反馈良好的同类商品做对比测试，每个志愿者提供1份评价意见和打分。

（3）志愿者体验测试的结果报告

将同一批次产品的志愿者体验测试反馈意见和打分报告收集，综合整理形成相应的志愿者体验报告。整理过程中，务必尊重每个志愿者的体验感受，认真分析评价意见中正反两个方面的反馈，实事求是地编写形成富于说服力的志愿者体验报告。当然，对于极个别志愿者明显吹捧或者贬损的评价，可以视为无效反馈，予以剔除。体验报告中，除了载明志愿者的体验评述、打分平均值外，还要说明发放的测试样品总数、收回反馈意见数、有效反馈报告数，体现“民间测试”具有的数理科学性。更是对下一步改进产品功效，以实实在在的特色功效赢得消费者的好评和口碑奠定基础。

3.3 日化品功效宣称的注意事项

上节简介了化妆品的功效宣称，是以取得国家药监部门认证的第三方权威机构的测试评价为主，化妆品生产或营销企业自行组织的消费志愿者体验评价为辅，两者均须秉承对消费者、对营销品牌高度负责任的态度，遵照规定的程序和方法，认真且诚实地做功效测试。需要特别注意以下事项。

3.3.1 务必遵守国家的相关法律规范

规范功效宣称是《化妆品监督管理条例》（以下简称《条例》）的一大亮点，相关条款有11条，首条即强调，化妆品注册人、备案人为功效宣称的责任主体，对化妆品功效宣称的合法性、真实性、准确性等负责。

（1）责任主体的内涵

化妆品注册人、备案人应当建立并完善与产品相适应的化妆品功效宣称评价体系，科学验证产品是否具有宣称的功效；通过建立化妆品注册备案资料审核制度，在产品注册或备案前对功效宣称评价资料进行审核，确保提交的功效宣称依据的摘要的科学性、真实性、可靠性和可追溯性，并及时对化妆品功效宣称依据（如文献资料、研究数据、人体功效评价试验报告、消费者使用测试报告或实验室试验报告等）和摘要进行留档备查。功效宣称应当有充分的科学依据，并在专门网站公布依据摘要，接受社会监督。

（2）明确功效宣称评价要求

化妆品功效宣称评价是通过文献资料调研、研究数据分析或者化妆品功效宣称评价试验等手段，对化妆品在正常使用条件下的功效宣称内容进行科学测试和合理评价，并作出相应评价结论的过程。根据宣称的功效类别，需要做的试验不尽相同，包括人体功效评价试验、消费者使用体验测试和实验室试验，见表 3-1。

（3）原料功效宣称与产品功效应具有充分关联性

原料的功效宣称通常会在产品名称或标签内容中出现，宣称的原料名称或表明原料类别的词汇应该与产品配方成分一致。同时，原料的功效宣称应与产品的功效宣称具有充分的关联性，该原料在产品中产生的功效作用应当与产品功效宣称相符。如产品名称为“某某氨基酸面膜”，产品功效宣称为抗皱，则产品配方中应包含氨基酸，且氨基酸的使用目的应当与抗皱相关。此外，还应对原料功效宣称进行评价，可通过文献资料调研、研究数据分析或功效宣称评价试验证实原料功效。

（4）化妆品标签以及网络经营展示页面的功效宣称应与化妆品注册或备案资料相一致

《条例》规定的“化妆品标签应当标注内容”未包括产品功效，产品功效宣称通常在产品中文名称中出现（如某某品牌修护保湿霜），也可能通过引导语、产品特点引出产品的功效。《化妆品标签管理办法》规定，加贴中文标签时，中文标签有关产品功效宣称的内容应当与原标签相关内容对应一致；《化妆品生产经营监督管理办法》规定，化妆品的最小销售单元标签内容应当与注册或者备案资料中产品标签样稿一致；化妆品经营者披露的有关产品功效宣称的信息，应当与其所经营化妆品的注册或者备案资料中标签信息和功效宣称依据摘要的相关内容一致。

3.3.2 分辨和避免新功效概念的误导

随着消费者对化妆品成分功效认知的加深，市场上出现了一些标榜“抗糖化”“抗氧化”与“抗蓝光”等概念的产品，旨在迎合现代生活对肌肤的挑战。但这些宣传术语本质上只是对某种“作用机理”的描述，预计产品配方中成分可能的作用，而不是产品的实际功效。例如，从物理或化学上的概念来解释，抗氧化指的是其中的成分能够抑制自由基的活动，减缓由环境因素造成的氧化损伤；抗糖化表示某些成分可以通过减少糖分与皮肤蛋白质的结合，帮助延缓肌肤老化；抗蓝光则指的是成分能够抵御蓝光对皮肤的潜在损害。“抗糖化”和“抗氧化”都属于抗衰老功效的范畴。

现代人们生活中接触到的蓝光，主要来源于电脑显示器、荧光灯、手机、显示屏等电子产品的光线中。提到其对于人体的“危害”，似乎更能引起消费者的盲从关注，迷信宣称具有“抗蓝光”功效的产品。确实，蓝光不同于紫外光，其光波长度处于 400～500nm 之间（紫外线的波长范围是 10～400nm）。蓝光并不都是对人体有害的，如 480～500nm 之间的蓝光有一种调整生物节律的作用，睡眠、情绪、记忆力等都与之相关，对人体反而是有益的。真正有害的是 400～440nm 的高能短波蓝光，该蓝光能够穿透晶状体直达视网膜，引起视网膜色素上皮细胞的萎缩，导致视力下降甚至视力丧失。蓝光还会导致黄斑病变，人眼中的晶状体会吸收部分蓝光渐渐混浊形成白内障，尤其是儿童晶状体较清澈，无法有效抵挡蓝光，从而更容易导致黄斑病变以及白内障。由于蓝光的波长短，聚焦点并不是落在视网膜中心位置，而是离视网膜更靠前一点的位置。要想看清楚，眼球会长时间处于紧张状态，引起视疲劳。长时间的视觉疲劳，可能导致人们近视加深、出现复视。

就蓝光对眼睛的危害而言，目前尚未研发出“抗蓝光”的化妆品，类似的眼药水、眼膏也没有。只能建议平常上网、看电视时将显示器的亮度调低，色温调暖；其次，要减少上网时间，尤其要避免在黑暗处盯着手机或显示器。

第四章
日用化学品的生产和品控管理

第三章提到，借助各种功效原料间的配合组方，日用化学品能够满足各类消费者日新月异的不同功效诉求，使得日化行业成为经久不衰的实体行业。但日化企业的规模以中小型居多，企业对国家法律法规的认识和掌握不够深入，执行不力，管理水平参差不齐，跟不上国家法律法规的要求，经营违规、消费安全事件时有发生。鉴于此，国家近几年对日化品营销企业实行了“三严”监管：源头严防、过程严管、风险严控，把日化营销企业（特别是实体生产企业）的准入门槛向食品药品企业的管理模式看齐。

4.1 日化品经营的风险防控

源头严防，首要的工作就是对日化产品生产用原料实行准入目录限制（第三章已经简述了），再者大幅提高日化营销企业的准入门槛，从生产过程的技术、安全、环境硬件条件方面以及生产许可证的审核发放环节，制订了一系列详细的管理法规和条例，从源头上防控日化品经营的风险。

4.1.1 日化品生产许可证的取证

（1）日化品生产许可证的由来

日化品生产许可证，是指生产日化品的企业，应当取得国家相关行业管理部门核发的许可证，未取得生产许可证的单位，不得从事日化品的生产。1986

年我国正式开始实行日化品生产许可管理，也是我国有史以来第一次颁发化妆品生产许可证。当时，日化品的生产，归口由轻工业部监督管理，最初只对洗衣粉、化妆品、香精香料 3 大类产品试行。

1986 年 12 月，原轻工业部颁发《化妆品生产管理条例》，是中国最早实行“化妆品生产许可证”的条例，该条例明确化妆品的生产许可证有效期为三年，未获得生产许可证的企业不得生产化妆品。

1989 年 11 月 13 日原卫生部颁布了《化妆品卫生监督条例》，对从事化妆品生产的企业实行卫生许可证制度。《化妆品生产企业卫生许可证》由省、自治区、直辖市卫生行政部门批准并颁发。《化妆品生产企业卫生许可证》有效期四年，每 2 年复核 1 次。未取得《化妆品生产企业卫生许可证》的单位，不得从事化妆品生产。

1999 年，工业产品生产许可证改由国家质量技术监督局统一组织审查发证，从而结束了“证”出多门的历史。

2001 年国家质量技术监督局出台《化妆品产品生产许可证换（发）证实施细则》，将化妆品生产许可证的有效期改为五年，进行了化妆品行业历史上的第一次换（发）证工作。

2008 年国务院机构改革方案确定化妆品卫生监督管理职责由卫生部划入国家食品药品监督管理局，化妆品卫生许可证进行变更。

2013 年国务院机构改革和职能转变方案，将国家质量监督检验检疫总局化妆品生产行政许可、强制检验的职责，划入国家食品药品监督管理总局。将化妆品生产行政许可与化妆品卫生行政许可两项行政许可整合为一项行政许可，“两证合一”的政策正式落地。

2015 年 12 月 15 日，国家相关部门发布《关于化妆品生产许可有关事项的公告》，首次明确从事化妆品生产应当取得食品药品监管部门核发的《化妆品生产许可证》，即原持有《全国工业产品生产许可证》和《化妆品生产企业卫生许可证》的化妆品生产企业于 2016 年 12 月 31 日前完成替换为新版《化妆品生产许可证》一证，从 2017 年 1 月 1 日起没有取得新的化妆品生产许可证的企业，必须停止生产。

2016 年，国家食品药品监督管理总局出台了 105 条《化妆品生产许可检查要点》，并已按照 GMP 标准来评定生产企业的获证资格，化妆品生产企业必须设立质量负责人，这一波换证热潮迫使不少化妆品企业从此退出市场。

2021 年，随着《化妆品监督管理条例》实施，化妆品行业正式开启了化妆品监管“2.0 时代”，生产企业应当按照国务院药品监督管理部门制定的化妆品生产质量管理规范的要求组织生产化妆品，要求化妆品注册人备案人和生产企业需建立质量管理体系，并设立质量安全负责人。

2021 年 11 月 26 日国家药品监督管理局发布的 2021 年第 140 号公告，发布最新的《化妆品生产许可证》，许可证上不再标注质量安全负责人，但并不意味着企业不需要设立质量安全负责人。

自 2021 年 11 月 26 日国家药品监督管理局发布的 2021 年第 140 号公告后，我国化妆品生产企业迎来第四次生产许可换证。

（2）化妆品生产许可证的新办（新申取证）、延续（换证）、变更

国家市场监督管理总局 2021 年 8 月颁布的《化妆品生产经营监督管理办法》，自 2022 年 1 月 1 日起施行。为保证化妆品质量安全，促进化妆品产业健康发展，国家药品监督管理局就贯彻执行上述“管理办法”的有关事项，以 2021 年第 140 号文，对于“化妆品生产许可”“化妆品生产管理”“化妆品经营管理”做出了明确公告。其中“一、关于化妆品生产许可”明确，自施行之日起，化妆品生产许可相关工作按照《化妆品生产经营监督管理办法》的规定执行。此前已取得的化妆品生产许可证在有效期内继续有效，具备儿童护肤类、眼部护肤类化妆品生产条件但未在生产许可证的生产许可项目中特别标注的，应当于 2022 年 7 月 1 日前更换新版化妆品生产许可证。

（3）化妆品生产管理

日化品的生产管理涉及多个方面，包括生产流程管理、质量管理、仓库管理等。

① 生产流程管理　建立并执行生产管理制度、实施产品生产工艺规程、根据生产计划下发生产指令及领取物料、生产前开展状态确认、使用物料标识、规程控制并有效实施生产记录要求等。此外，还包括生产后清场、退料、不合格产品控制、产品放行管理等。

② 质量管理　包括动态生产校准、智能防错与实时监控、数据溯源与分析能力、生产分配和绩效管理。这些措施确保每次配料比例的准确性，为产品品质的稳定性和一致性提供保障，有效预防质量问题，同时提供深入的生产数据分析，指导生产流程的优化和配方的改进。

③ 仓库管理　日化品仓库管理系统是一套从工厂仓库到终端全流程的物流及仓库管理，通过数据分析和洞察，促进业务、运营、组织等的变革和转型。该系统提供基于单件产品的追溯码实现物料批次信息、保质期管理、与质量检验管理系统的集成等功能，实现库存智能管理，节省劳动力，节约占地，提高存储能力。

综上所述，日化品的生产管理涵盖了从生产流程管理到质量管理，再到仓库管理的多个方面，以确保产品质量和生产效率的提升。

化妆品注册人、备案人应当对 2022 年 1 月 1 日后生产的每批次产品留样并记录。留样应当保持原始销售包装且数量满足产品质量检验的要求。委托生产化妆品的，受托生产企业也应当按照相同要求留样并记录。境外化妆品注册人、备案人应当对其进口中国的化妆品按规定留样，样品及记录交由其境内责任人保存。

（4）化妆品经营管理

日化品的经营管理主要包括以下几个方面：

① 确定核心产品定位和目标消费群体　这是日化品经营管理的首要步骤，通过市场调研，明确产品的核心价值和目标客户群体，以便更好地满足市场需求。

② 建立品牌形象和宣传推广渠道　通过广告、社交媒体、公关活动等多种方式，建立和维护品牌形象，提高品牌知名度和美誉度，吸引更多消费者。

③ 加强产品质量控制和售后服务　确保产品质量是赢得消费者信任的关键，提供优质的售后服务，解决消费者在使用过程中遇到的问题，增强消费者满意度和忠诚度。

④ 开发新产品和不断创新升级　根据市场需求和消费者反馈，不断研发新产品，同时对现有产品进行创新升级，保持品牌的市场竞争力。

⑤ 与渠道商合作，拓展销售渠道　与各类渠道商建立合作关系，拓宽销售渠道，提高产品的市场覆盖率和销售量。

⑥ 利用信息化手段采集、保存生产经营信息　采用信息化手段管理生产经营信息，建立质量安全追溯体系，确保产品可追溯性，提高产品质量安全管理水平。

⑦ 遵守法律法规和标准　遵守国家和地方的法律法规，特别是关于产品质量、安全、环保等方面的规定，确保合法合规经营。

（5）化妆品生产许可证的新申取证

新申请办理化妆品生产许可证，是一个涉及多个步骤和文件准备的过程，其目的在于确保化妆品生产符合国家和地方的安全和质量标准。

① 办理流程（图 4-1）

② 所需材料

a. 证明企业具有合法经营资格的企业法人营业执照；

b. 确认企业法定代表人的法定代表人身份证明；

c. 证明生产场所符合安全和质量标准的厂区总平面图、生产车间布局图

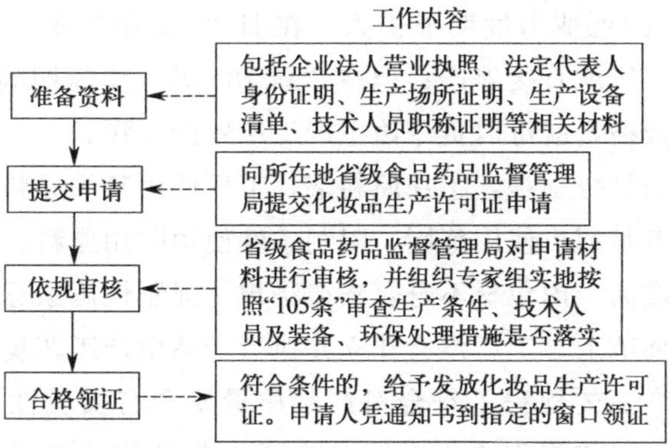

图 4-1　化妆品生产许可证的新申取证流程

等图纸；

d. 生产设备清单：生产所需的所有设备，注明各自的规格和性能；

e. 技术人员职称证明：包括质量安全员、检验员等技术人员的学历或职称证件复印件。

③ 注意事项

a. 提前了解政策：申请前要了解国家和当地的优惠政策，符合条件的可以申请减免相关费用。

b. 材料准备齐全：确保提供的材料真实、完整、有效，以免影响办理进度。

c. 关注办理进度：申请人提交申请材料后，要时常关注化妆品生产许可证的办理进度，如有问题要及时与相关部门沟通。

d. 合规经营：获得化妆品生产许可证后，企业要严格遵守国家法律法规，确保产品质量安全。

(6) 现行的企业生产条件审核标准

2022 年 10 月 25 日发布的《化妆品生产质量管理规范检查要点及判定原则》（通称“新 105 条”），代替之前的《化妆品生产许可检查要点》（俗称“105 条”）。

很凑巧，两个“检查要点”的条款都是 105 条。但相比于旧规全部是针对生产企业，此次新颁布的“105 条”中，有 81 条是针对生产企业，另外 24 条则是针对委托生产的品牌方。这意味着，规范化生产不再仅仅是生产企业的事，委托生产的品牌方同样要对此负责，这对于很多品牌方也是一个巨大的挑战。本《化妆品生产质量管理规范检查要点》对委托生产的品牌方共设立检查项目 24 项，其中重点项目 9 项，一般项目 15 项。

“新 105 条”的惩戒力度明显更大。在旧“105 条”中，并没有规定有哪个项目不合格，工厂就直接停产；但在“新 105 条”中就明确规定，如果在 3 个关键项目上不合格，就可以责令该生产工厂停产整顿。

这 3 个关键项目分别是：①在原料端，工厂使用禁用原料、未经注册或备案的新原料，或者是超出使用范围、限制条件使用限用原料，抑或者是使用的原料、外购的半成品、内包材不符合法律法规、强制性国家标准、技术规范的要求；②在生产环节上，工厂没有建立并执行产品生产工艺规程和岗位操作规程，或是产品生产工艺规程不符合对产品质量安全有实质性影响的技术性要求，抑或者是生产工艺规程中没有明确生产工艺参数及工艺过程的关键控制点；③在产品放行上，工厂没有建立并执行产品放行管理制度，或是在产品放行前，没有确保产品经检验合格且检验项目至少包括出厂检验项目，抑或是在产品放行前没有确保相关生产和质量活动记录经质量安全负责人审核批准。

现场检查应当对照所检查项目，逐一作出该项目“符合规定”或者“不符合规定”的检查结论；对于重点项目，还可以根据检查情况作出“存在瑕疵”的检查结论。凡作出“不符合规定”或者“存在瑕疵”检查结论的，应当记录存在的具体问题；对于不适用的检查项目，应当标注“不适用”。

重点项目“存在瑕疵”判定标准为：经综合研判，被检查对象基本符合本检查项目的要求，但存在局部不规范、不完善的情形，且上述不规范、不完善的情形能够及时改正或者消除，不构成对产品质量安全的实质性影响。

如果生产工厂有 6 个以上的重点项目和关键项目“存在瑕疵”或不合格，抑或是不合格的重点项目、一般项目和重点项目瑕疵数总和大于 16，同样面临停产整顿的风险。

另外作为品牌委托方，如果在一个关键项目不合格，同样面临停业整顿的处罚。这个关键项目就是在产品放行上，指的是如果没有建立并执行产品放行管理制度，或者是在产品上市前，品牌方没有确保产品经检验合格且检验项目至少包括出厂检验项目，抑或者是在产品上市前没能确保委托双方相关生产和质量活动记录经各自质量安全负责人审核批准。另外，委托品牌方如果有 4 个以上的重点项目和关键项目瑕疵数或不合格，抑或是不合格的重点项目、一般项目和重点项目瑕疵数总和大于 8，也面临停业整顿的风险。

更为严峻的是，经检查，对生产企业的第 5、11、22、49、50、52、54、57、58、59、73、76、77、80 或者 81 项，以及委托生产的品牌方在第 2、4、9、11、12、14、19、20、23 或者 24 项等检查项目不符合规定的，被检查的化妆品注册人、备案人、受托生产企业可能存在违反《化妆品监督管理条例》

的行为；经立案调查存在违法行为的，应当依法查处。

4.1.2 日化品生产的安全和环境评价

(1) 日化品的安全评价

日化品原料和产品安全性是目前监管的重心也是红线，安全与有效，安全永远是第一位。

为贯彻落实《化妆品监督管理条例》，规范和指导化妆品安全评估工作，国家药品监督管理局于2021年颁发了《化妆品安全评估技术导则》(以下简称《技术导则》)，自2021年5月1日起施行。该"技术导则"规定：自2022年1月1日起，化妆品注册人、备案人申请特殊化妆品注册或者进行普通化妆品备案前，必须依据《技术导则》的要求开展化妆品安全评估，提交产品安全评估资料。《技术导则》提供了化妆品产品安全评估报告的完整版和简化版示例。在2024年5月1日前，化妆品注册人、备案人可以按照《技术导则》中的相关要求，提交简化版产品安全评估报告。化妆品安评报告完整版与简化版的差异比较见表4-1。

表4-1 化妆品安评报告完整版与简化版的差异比较

评估资料项目		完整版	简化版
关于原料的	毒理学信息(危害识别)	需要＊＊	不需要＊
	风险评估	需要＊＊	不需要＊
	原料和产品的暴露信息	需要	需要
关于产品的	理化特性、稳定性报告	需要	不需要
	毒理学试验	不需要	不需要
	产品与包装材料的相容性/兼容性测试	需要	不需要
	配方防腐剂挑战测试	需要	不需要
	安全性风险物质危害识别	需要	需要
证据类型	1. 原料符合《化妆品安全技术规范》要求	需要	需要
	2. 原料和风险物质国外权威机构限量值或评估结论	接受	接受
	3. 本企业的历史使用浓度	不接受	接受
	4. 化妆品监管部门公布的原料最高历史使用量	不接受	接受

＊：原料使用浓度"超量"情况下，需要提供原料完整评估；

＊＊：例如安全技术规范，有权威结论的原料不需要。

原料安全决定了化妆品的产品安全，原料的限值和安全使用量是安全评估的重要数据来源。所以，化妆品产品安全评估报告是以原料的安全报告为基础的。

化妆品安评报告的完整版和简化版的章节构成和模板，详见书末所列的参考文献。

从2024年5月1日起，化妆品注册备案时需要提交化妆品完整版的安全评估报告，且不能再使用“本企业原料历史使用量（至少三年）的相同使用方法的产品中的浓度”和《已使用化妆品原料目录（2021 版）》中的最高历史使用量作为评估证据，这对于当前行业实施完整版安全评估报告构成了不小的困难。另外，原料的限值和安全使用量是安全评估的重要数据来源，现有的评估数据缺口较大，需要制定相应的政策法规和替代试验、评估方法指南来指导，以减少对动物实验的依赖并降低企业经营成本，企业需要更长时间过渡适应。

由此，2024 年 4 月 22 日，国家药品监督管理局发布了“关于优化化妆品安全评估管理若干措施的公告”，不仅明确了完整版安评新规将于 2024 年 5 月 1 日起施行，同时也指出，在 2025 年 5 月 1 日前，化妆品注册人、备案人在进行产品注册、备案时，仍可提交简化版安评。国家药品监督管理局做出的这个简化版安评可以延期的决定，是尊重各个企业和行业技术基础［现有的评估数据缺口较大，《已使用化妆品原料目录》（2021 版）中 8972 种原料里，约有 5000 种原料缺乏法规限值和权威机构结论安全使用量；需要制定相应的政策法规和替代试验、评估方法指南来指导等］现实情况，实事求是的明智和可行之举。否则，企业为了避免安评证据缺失，将原料选用范围缩小到 CIR 有数据库范围内或者已使用化妆品原料目录有历史最高纪录的原料范围以内，这将导致更为严重的产品同质化。

因此，编著者建议，企业应持续关注国家药品监督管理局和相关机构的公告和通知，以获取最新的信息和决定。

（2）日化品生产的环境评价

对日化品生产环境的评价内容，主要集中在《化妆品生产质量管理规范检查要点及判定原则》的“第三部分厂房设施与设备管理”之第十九条至第二十七条款项中。

化妆品生产环境评价标准主要包括以下几个方面：一是环境保护要求：根据生态环境标准《环境标志产品技术要求　化妆品》（HJ 1060—2019），本标准提出化妆品生产过程中对环境和人体健康的影响应减少，对化妆品生产、产品有害物质、包装、回收处理和说明等方面的环境保护要求。二是生产质量管理规范：《化妆品生产质量管理规范》规定了化妆品生产的质量管理要求，包括厂房设施与设备管理、生产车间的环境控制、物料和产品的存储与管理等方面。三是水污染物排放标准：《化妆品工业水污染物排放标准》规定了化妆品生产过程中水污染物的排放限制，以确保生产活动对环境的影响最小化。这些标准共同构成了化妆品生产的环境评价框架，旨在确保化妆品生产不仅符合质量安全标准，同时也考虑到环境保护和可持续发展的要求。

日化品生产对环境影响报告，通常包含但不限于以下内容：

① 项目建设基本情况；

② 建设项目所在地自然环境社会环境简况；

③ 环境质量状况；

④ 主要环境保护目标；

⑤ 评价适用标准；

⑥ 本项目工程分析；

⑦ 项目主要污染物产生及预计排放情况；

⑧ 环境影响分析；

⑨ 本项目拟采取的防治措施及预期治理效果；

⑩ 结论与建议。

4.2　日化品原料的备案和稳定供应

日化原料是日化品生产的物质基础，也是日化品质量品控管理的起点。在前面第三章的“3.1.1　支撑特色功效的原料”一节里，“(1) 我国对日化品原料使用采取的严格管理措施”，简述了我国对日化原料实行化妆品标签原料标注、安全性（注册）备案、准用目录、禁用目录等严格管理。这些措施的实施，不仅大大提高了日化产品的安全性，同时对于日化原料的供应也起到了很好的稳定作用。

4.2.1　日化品原料生产（经营）商的安全性备案

出于书稿章节条理性分布的考虑，上一章里只是简述了我国对日化新原料实施安全性（注册）备案的有关事项。实际上，对于日化品原料的安全性，不仅是新原料要做注册审核，《已使用化妆品原料目录》和准用化妆品原料目录里的原料也要做备案。也不仅仅是原料生产厂家要做，原料经营商也要对自己经营的所有原料品种都要向国家药品监督管理局做安全性备案，取得属于自己的“原料报送码”，交易时提供给买家做产品安全性备案时标注。

对《已使用化妆品原料目录》和准用化妆品原料目录里的原料做安全性备案时，其所需提供的评估数据和证据，无需像新原料注册审核时那么齐全。具体的技术资料和操作流程参见《化妆品原料安全信息填报技术指南》和《化妆品原料安全信息登记平台填报指南》，现摘要简述如下。

(1)《化妆品原料安全信息填报技术指南》

《化妆品原料安全信息填报技术指南》是由中国食品药品检定研究院于2021年12月30日发布。

企业在国家药品监督管理局“化妆品原料安全信息登记平台”做化妆品原料安全信息备案前，需要先注册企业法人账号，注册授权通过后才能在平台上做信息填报。

点击“法人登录”，进入到本企业的登录页面（“法人空间”）。

点击“企业信息”，依照系统提示，做“账号设置”，再设置“账号绑定”。

上述操作完成后，退出后再重新进入该平台，输入登录密码，填报化妆品原料安全信息。

需要填报的企业信息，即《资料管理规定》附13，并上传以下文件：①企业信息表（盖章扫描件）；②原料生产商企业主体证明文件；③做授权报送时，还需要上传原料生产商出具的授权书。

在填报化妆品原料安全信息时，应对“原料分类和关键特征”的表格框内信息进行勾选确认。

原料安全信息的填报，包含以下几项内容：①基本信息和工艺简述；②原料质量和特征性指标；③风险信息和控制指标（必要时）；④国际权威机构评估结论；⑤其他行业使用要求简述；⑥其他需要说明的问题。④至⑥项为选填项。

化妆品原料安全信息填报式样，见其附件1。

在申报平台上，按要求填报原料安全信息后，系统将自动分配一个对应的原料报送码。原料报送码由三部分组成：原料编码-生产商编码-质量规格编码。其中部分编码数字为随机分配。

按照要求，对已报送的原料报送码进行公示。

化妆品注册人、备案人、境内责任人在填报产品注册备案资料时，可填报“原料报送码”，直接关联原料安全信息。化妆品注册人、备案人应自行向原料生产商索要原料安全信息相关内容，确保化妆品终产品的质量安全。

(2)《化妆品原料安全信息登记平台填报指南》

本指南也是由中国食品药品检定研究院发布的，发布时间是2023年9月4日。指南事项共有13条，依次明确了编制目的、登记平台填报的原料范围、登记的主体责任、报送信息的企业类别、填报企业信息时应上传的3个文件、原料安全信息的主要内容、质量规格相关信息的主要内容、风险信息和控制指标等内容，以及国内外权威机构对该原料做安全风险评估的机构名称、评估结论等相关信息等。

与《化妆品原料安全信息登记平台填报指南》同日配套发布的《化妆品原料安全信息填报技术指导原则》，指明了系统升级后的填报方式和要求。

按照上述"指导原则"的规定，完整的原料安全信息应包括以下内容：

① 原料基本信息　原料组成、建议添加量、原料使用限制、原料性状、物理化学性质描述；

② 生产工艺简述　物理粉碎、物理压榨、溶剂提取、化学合成、生物发酵等；

③ 质量控制要求　质量控制内容、原料鉴别方法、控制指标和检测方法；

④ 国际权威机构评估结论　SCCS、CIR、IFRA、WHO、FAO 等；

⑤ 其他行业使用要求简述；

⑥ 风险物质限量要求　重金属风险、农药残留风险、生物风险、其他风险物质；

⑦ 其他需要说明的问题。

（3）上述两个新旧指南的对比

相对于《化妆品原料安全信息填报技术指南》而言，《化妆品原料安全信息登记平台填报指南》的内容比较粗放，操作流程步骤叙述不明朗，相关信息的内容也不够细化，可操作性远不如之前的《化妆品原料安全信息填报技术指南》，需要参照配套发布的《化妆品原料安全信息填报技术指导原则》进行填报。两个"指南"的变化内容对比见表 4-2。

表 4-2　两个化妆品原料安全信息填报指南的变化内容比较

序号	变化内容项目	化妆品原料安全信息填报技术指南	化妆品原料安全信息登记平台填报指南
1	原料商品名、版本号、原料序号	需要提供原料商品名，可选择填写版本号，无需填写原料序号	系统自动带出原料名称作为商品名，无版本号，需填写原料序号
2	是否支持复配原料提交	可以提交多组分复配原料，并且需提供各个组分的含量	原料基本信息部分仅支持提交 1 个成分，无需提供含量
3	原料基本属性	对于复配原料，需勾选复配/混合原因	1. 原料生产方式删除了"仅物理混合"选项；2. 删除了"复配/混合原因"
4	直接来源原料的信息	需提供拉丁名和使用部位	除拉丁名和使用部位外，可按生产工艺填写理论投料配比，如生产过程中添加的必要溶剂或稳定剂、防腐剂、抗氧剂等，按生产 1000kg 添加的量计

续表

序号	变化内容项目	化妆品原料安全信息填报技术指南	化妆品原料安全信息登记平台填报指南
5	原料安全信息报送码组成	原料编码-生产商编码-质量规格编码，其中部分编码数字为随机分配	该原料在《目录》中对应的序号、原料生产商编码以及原料平台登记序号等组成
6	是否公示	对已报送的原料报送码进行公示。其中，部分号段公示为“＊＊＊……”	不对外公示

《化妆品原料安全信息登记平台填报指南》一经发布，便引发业界的广泛关注与讨论（质疑），关切点集中在“原料区分变得困难”、“复配原料报送受影响”和“填写方式有变化”。

对此，本书编著者也建议，企业要密切关注国家药品监督管理局和相关机构对于化妆品原料安全信息填报的新公告和通知。例如，国家药品监督管理局为了配合 2023 年 9 月 4 日中国食品药品检定研究院发布的《化妆品原料安全信息登记平台填报指南》《化妆品配方填报技术指导原则》和《化妆品原料安全信息填报技术指导原则》3 个文件的实施，2023 年 9 月 6 日对“原料安全信息登记平台”和“普通化妆品备案管理系统”相继升级，不再支持复配原料的报送，同时之前已报送并取得的报送码不能再使用。此次变动在行业内引起广泛议论，化妆品注册人、备案人一时无所适从。然而，时隔 10 天之后迎来了新的转机，2023 年 9 月 16 日晚，上述备案系统再次维护升级，恢复了复配报送码的导入和填报功能，不再屏蔽复配原料报送码。虽然此次“普通化妆品备案管理系统”恢复了原有已经报送并取得的复配原料报送码的使用，但“原料安全信息登记平台”并未更新，仍然只支持单一组分原料的报送，不支持复配原料的报送。也就是说，之前已经报送并取得的复配原料报送码可以继续使用，但如果已有复配原料的组分发生变化，或新增复配原料的，仍然无法报送并获取新的报送码。

4.2.2 日化品原料采购中的证、质、价协调

在第三章“3.1.1 支撑特色功效的原料”一节下面的“（4）选用日化原料需要注意的几点”里，指出了选择原料的“6 性”：①针对性；②有效性；③安全性；④配伍性；⑤广泛性；⑥时效（尚）性。这些内容是需要配方师与采购经理共同议定的。

（1）日化原料生产（供应）商信息的搜索

在竞争激烈的市场里，同一行业、相同品类的产品，必须避免同质化的低

价“倾销”，才能取得合理的经营利润，获得立足和长远发展。发掘日化品的各种特色功效，需要各具特色的日化原料做支撑，依赖于配方师日常对日化原料生产（供应）商信息的搜索、了解和掌握。如何查找市场上热卖的日化产品及其成分呢？

① 时常走访市场，多与日化专柜、美容店的专业人员做交流，获取第一手信息。

② 日常浏览英国沃尔格林公司（Walgreen）等国外的日化原料网站，在上面查找国外新推出的日化品，捕捉潮流趋势。

③ 在手机上下载淘宝、天猫、京东、拼多多、洋码头海外代购、抖音、快手、小红书、得物、微博、美丽修行等 App，可以查到市场上的各类热销商品。

④ 拍取心仪的商品照片，在某东等网上商城里可以搜索到商品的市场信息。

⑤ 在电脑或手机上，输入热卖日化品的中文或者英文名称，也可以搜索到某些商品的产品成分（标注）。

⑥ 在国家药品监督管理局网站上的数据查询平台里，点击化妆品数据查询，可以查到国内经营的进口化妆品、国产化妆品的产品成分，注册/备案的特殊化妆品/普通化妆品都能查到。

⑦ 以产品名、功效宣称等词汇为检索词，在相关科技文献和专利数据库里，查询检索关联产品的研发成果报道，里面也会介绍产品的成分和组方原理。

（2）向原料生产（供应）商索取原料报送码（安全信息）及样板

如上，查到市场热卖的日化产品成分，只是提供研发产品时作为参考，不能一味地花精力去模仿，以免引起知识产权侵权纠纷和商业论争。

了解到消费者推崇的日化产品成分后，即可向有关的原料生产（供应）商索取原料样板，同时请求发给相应的原料报送码及安全信息资料。这里的原料生产（供应）商包括某些全球化妆品头部原料商，如巴斯夫（BASF）、赢创（Evonik）、奇华顿（Givaudan）、陶氏化学（Dow）、帝斯曼（DSM）、禾大（CRODA）、国际香精香料（IFF）、国际特种化学品公司（ISP）、伊士曼（Eastman）、花王（Kao）、科莱恩（Clariant）等。有些原料商一开始可能不愿意提供原料报送码及安全信息资料，但一经建立买卖业务关系后，是必须提供给下游用户的。

（3）打样试配确认功效质量

“不看广告看疗效”。拿到原料样板后，配方师就要安排做打样试配，测试确认原料的功效和质量。

日化品“预期”功效的发挥，是配方中各种原料组分的配伍协调以及适宜的制作工艺共同促成的。其中的影响因素很多，而且是难以预计和未知的，需要依据“构效关系”、配方协同作用原理做细致分析，然后制订调配实验方案，试验探索寻找较优的配方用量和制作工艺，拿出小样提供给志愿者做体验评价。

化妆品配方研发的通常流程见第三章的图 3-2。

（4）咨询比较，协商稳定的供货渠道

通过调配优选实验，小样经志愿者体验评价满意后，便可确定某个（些）供应商的原料是可行的。接下来就是在供货条款上的“货比三家”，不仅仅着眼于采购成本低廉，还要兼顾到质量稳定，收货便利及货款兑付期限等因素。这就是需要与采购经理共同议定的缘由，力求在产品功效、目标消费群满意、降低营销成本、销售稳定发展等几个企业营销目标上获得平衡共赢。

4.3 日化品商品的备案

我国对于日化品生产的安全监督管理，是自始至终全流程的，不仅要求各种原料必须注册（备案）公示，对于最终出厂的商品也必须在国家药品监督管理局网站上做备案公示。

4.3.1 我国对日化产品备案的法规要求

从 2013 年起，我国对于日化产品的生产、经营过程的安全监督管理，制（修）订了一系列新的条例、规定、办法，有一些还制订了配套的技术指导原则。除了之前已经简介过的《化妆品监督管理条例》《化妆品生产经营监督管理办法》《化妆品新原料注册备案资料管理规定》等项外，对于生产出厂的日化产品备案也出台了相应的管理文件，如《化妆品注册备案管理办法》《化妆品注册备案资料管理规定》《化妆品标签管理办法》《化妆品配方填报技术指导原则》《儿童化妆品监督管理规定》《牙膏监督管理办法》《牙膏备案资料管理规定》等，在此分别摘要简介如下。

（1）《化妆品注册备案管理办法》

2018 年 11 月，国家药品监督管理局发布了《关于在全国范围实施进口非特殊用途化妆品备案管理有关事宜的公告》，首次将进口非特殊用途化妆品备案管理推广至全国。2019 年 5 月，国家药品监督管理局发布《关于实施特殊用途化妆品行政许可延续承诺制审批有关事宜的公告》，简化特殊用途化妆品延续注册审批程序，实施特殊用途化妆品延续告知承诺制审批。在总结前期试点成果基础上，国家市场监督管理总局于 2021 年 1 月 7 日发布的《化妆品注册备案管理办法》，共 6 章 63 条，从落实“四个最严（最严谨的标准、最严格的监管、最严厉的处罚、最严肃的问责）”安全监管要求目标出发，突出问题导向，细化《化妆品监督管理条例》确定的原则制度，对普通化妆品同样实行严格审批审评和备案管理，强化风险控制；深化“放管服”改革，鼓励研发企业创新，优化注册备案程序，落实各方主体责任和监管责任。

主要内容包括：①细化注册人、备案人管理制度，强化企业主体责任落实。根据《化妆品监督管理条例》关于注册人、备案人的相关规定要求，细化落实化妆品注册人、备案人的责任义务及准入条件，加强对产品责任源头监管。对化妆品注册人、备案人应当履行的安全监测义务进行了细化规定；②优化注册备案管理程序，落实审批制度改革措施。在总结前期已经实施的进口非特殊用途化妆品审批改备案、特殊用途化妆品延续告知承诺制审批等改革措施取得成效的基础上，根据“放管服”改革精神和《化妆品监督管理条例》相关规定，进一步明确和优化了普通化妆品注册备案管理程序；③加强备案后的监督管理，确保产品质量安全责任落实到位。明确备案后监督管理责任落实和工作要求，加大对备案产品违法违规行为的惩处力度；实施备案产品分级管理，合理配置监管资源；④建立鼓励创新机制，服务产业高质量发展。深化落实《化妆品监督管理条例》关于鼓励创新发展的相关规定，明确安全监测中的新原料经新原料注册人、备案人同意后，化妆品注册人、备案人方可用于化妆品生产，保护新原料研发企业的积极性。

这是我国首部专门针对化妆品注册备案管理的部门规章。它明确了化妆品的注册备案程序要求，细化了各级监管部门职责，配套制定规范了化妆品注册备案管理工作。化妆品注册人、备案人依法履行产品注册、备案义务，对化妆品的质量安全负责。化妆品注册人、备案人在进行申请注册或者备案时，应当遵守有关法律、行政法规、强制性国家标准和技术规范的要求，对所提交资料的真实性和科学性负责。此外，境外注册人、备案人的境内责任人，应当履行以注册人、备案人的名义，办理化妆品、化妆品新原料注册、备案；协助注册人、备案人开展化妆品不良反应监测、化妆品新原料安全监测与报告工作等 5 项义务。着力推进化妆品审批制度改革，不断完善化妆品注册和备案相关要求，推动化妆品审批事项优化调整。《化妆品注册备案管理办法》明确了告知性备案提交备案资料即完成备案，优化了特殊化妆品延续告知承诺审批的程序，将原有115个工作日的审批时限调整为15个工作日内完成。这为产品快速上市提供了便利条件。对于化妆品注册备案程序，细化了注册受理审查情形，明确“依法不需要取得注册”和“依法不属于国家药品监督管理局职权范围”的申请事项，受理机构直接出具不予受理通知书。同时，明确补充资料后的审评时限，技术审评部门收到补充资料后，审评时限重新按照90个工作日计算。还调整了化妆品变更注册、备案更新规定，规范化妆品备案秩序，明确无正当理由不得随意改变产品名称，没有充分的科学依据不得随意改变功效宣称；但充分考虑行业实际需求，同时明确，因原料来源改变等原因导致产品配方发生微小变化的情形，允许予以备案更新。此外还规定，明确涉及安全性事项变化、生产工艺和功效宣称等发生实质性变化的，应当进行变更注册；产品名称、配方等发生变化，实质上构成新产品的，应当重新申请注册。明确了备案后监督管理的责任落实和工作要求，合理设定法律责任，加大对备案产品违法违规行为的惩处力度。

(2)《化妆品注册备案资料管理规定》

为贯彻落实《化妆品注册备案管理办法》，规范和指导化妆品注册与备案工作，国家药品监督管理局于2021年2月26日公布了《化妆品注册备案资料管理规定》，自2021年5月1日起施行。《化妆品注册备案资料管理规定》，全文共6章60条，包括总则、用户信息相关资料要求、注册与备案资料要求、变更事项要求、延续注销等事项要求和附则，主要对资料的格式和规范性要求、用户开通资料、化妆品注册备案资料、变更和延续资料等进行了具体规定，规范了化妆品注册备案管理工作，保证化妆品注册、备案各项资料的规范提交。

本《化妆品注册备案资料管理规定》共有24个附件，一是对注册备案过程中所需要的申请表、信息表、概述表等的格式进行了明确；二是对境内责任人授权书、产品执行的标准、注册延续自查情况报告等制作了样例；三是对产品执行的标准编制、原料安全相关信息报送等从技术方面进行了细化明确。

《化妆品注册备案资料管理规定》(以下简称《规定》)主要从落实《化妆品监督管理条例》(以下简称《条例》)要求、坚持公平一致、减轻企业负担、推进“互联网+政务服务”等方面，对化妆品注册备案资料进行了细化规定。具体体现在：①落实《条例》要求。第十九条对化妆品注册备案的资料进行了规定，一是《规定》要求提交的注册备案资料均为《条例》规定的资料，未额外增加行政相对人的负担；二是《规定》对《条例》规定的资料进行了细化，并基于安全对各项资料提出了技术性的要求。②坚持公平一致。特殊化妆品和普通化妆品的管理方式不同，分别实施注册管理和备案管理，但对于产品质量安全的要求并无不同，因此《规定》中对两者的资料要求一致；遵循进口化妆品和国产化妆品的公平对待原则，《规定》对进口化妆品和国产化妆品在注册备案资料方面的要求也基本保持一致，并对进口化妆品与国产化妆品存在差异的部分进行了区分规定。③减轻企业负担。一是充分吸收现行规定中成熟的做法和经验，对一些资料格式、内容不作大幅调整，尽量减轻企业因资料格式、内容变化带来的负担；二是为了方便企业，《规定》对一些资料编制了模板，方便注册备案资料的制作；三是对一些资料进行了简化，例如特殊化妆品注册延续的资料，在《关于实施特殊用途化妆品行政许可延续承诺制审批有关事宜的公告》的基础上进一步精简。④推进“互联网＋政务服务”。建设全国统一的化妆品注册备案信息服务平台，推进电子政务在注册与备案工作中的运用；落实《条例》规定的主体责任，加强对注册人、备案人、境内责任人、生产企业的用户管理；推进“放管服”，减少非必要纸质资料的提交，让企业“少跑腿”。

(3)《化妆品标签管理办法》

化妆品标签，是指产品销售包装上用以辨识、说明产品基本信息、属性特征和安全警示等的文字、符号、数字、图案等标识，以及附有标识信息的包装容器、包装盒和说明书。《化妆品监督管理条例》明确规定化妆品的最小销售单元应当有标签。标签应当符合相关法律、行政法规、强制性国家标准，内容真实、完整、准确。

化妆品标签是向消费者传递产品基本信息、属性特征、功效宣称和安全警示等内容的主要载体，真实、完整、准确的标签标注是确保消费者正确、合理、安全使用产品的必要保障。为保障消费者合法权益，确保化妆品使用安全，国家药品监督管理局于2021年6月3日制定发布了《化妆品标签管理办法》，以取代之前的《化妆品标识管理规定》及《化妆品命名指南》。

《化妆品标签管理办法》贯彻落实《化妆品监督管理条例》规定，明确了化妆品标签管理的细化要求，并对此前有关监管部门出台的化妆品标签监督管理相关规定等进行了统一规范。《化妆品标签管理办法》共23条，主要内容包括：一是对化妆品标签进行了定义，明确了化妆品注册人、备案人的主体责任和化妆品标签内容和形式的原则要求；二是规定了化妆品标签应当标注的内容以及各项内容标注的细化要求，对化妆品标签禁止标注的内容进行了规定；三是按照《化妆品监督管理条例》确定的立法思路，规定了标签瑕疵的具体情形，明确了相关法律法规的适用情形。

《化妆品标签管理办法》对化妆品标签的要求：化妆品中文标签应当至少

包括以下内容：①产品中文名称、特殊化妆品注册证书编号；②注册人、备案人的名称、地址，注册人或者备案人为境外企业的，应当同时标注境内责任人的名称、地址；③生产企业的名称、地址，国产化妆品应当同时标注生产企业生产许可证编号；④产品执行的标准编号；⑤全成分；⑥净含量；⑦使用期限；⑧使用方法；⑨必要的安全警示用语原产国或地区名称；⑩法律、行政法规和强制性国家标准规定应当标注的其他内容。具有包装盒的产品，还应当同时在直接接触内容物的包装容器上标注产品中文名称和使用期限。

化妆品产品中文名称一般由商标名、通用名和属性名三部分组成，约定俗成、习惯使用的化妆品名称可以省略通用名或者属性名，商标名、通用名和属性名应当符合相关规定的要求。

化妆品标签应当在销售包装可视面标注化妆品全部成分的原料标准中文名称，以“成分”作为引导语引出，并按照各成分在产品配方中含量的降序列出。化妆品配方中存在含量不超过 0.1%（w/w）的成分的，所有不超过 0.1%（w/w）的成分应当以“其他微量成分”作为引导语引出另行标注，可以不按照成分含量的降序列出。以复配或者混合原料形式进行配方填报的，应当以其中每个成分在配方中的含量作为成分含量的排序和判别是否为微量成分的依据。

实施监督过程中，牙膏和各类块状皂类产品的标签也参照《化妆品标签管理办法》执行。

(4)《化妆品配方填报技术指导原则》

2023 年 9 月 4 日，中国食品药品检定研究院发布的《化妆品配方填报技术指导原则》，是对《化妆品注册备案资料管理规定》中关于化妆品配方填报内容的部分调整、明确和补充，用于指导和细化配方成分填报、原料名称、原料含量、使用目的、配方备注栏以及原料安全信息等内容填写的具体要求。

① 化妆品配方成分的明确　化妆品配方成分，是指生产过程中有目的地添加到产品配方中，并在最终产品中起到一定作用的成分，除了基料外，还包括防腐剂、防晒剂、染发剂、着色剂、保湿剂、pH 调节剂、黏度调节剂等，并明确以下 3 种成分不属于配方成分：a. 极微量成分：为了保证化妆品原料质量，而在原料中添加的且在配方中极其微量的成分（如抗氧化剂等），可不作为化妆品配方成分，不在产品配方表中体现，因此实际成分的含量总和并非 100%。b. 微量杂质：原料本身所带有，或残留的技术工艺上不可避免的微量杂质，不作为化妆品配方成分。c. 加工助剂：在产品生产工艺中添加，但不与其他成分发生化学反应、对最终产品不起作用的且在后续生产步骤中去除的

加工助剂，不作为化妆品配方成分。

以上 3 种成分，在产品配方中可以选择不予填写，但《化妆品安全技术规范》准用防腐剂列表中的成分、为保护产品本身加入的准用防晒剂列表中的成分除外。需要注意的是，化妆品注册人、备案人仍应当对这 3 种成分在安全评估报告中全部列出，并进行充分分析和安全评估。

② 化妆品配方填报形式　根据《化妆品配方填报技术指导原则》，一般原料存在以下 3 种配方填报形式：

a. 单一组分原料：化妆品生产企业将单一组分原料进行预先混合后再行投料的，混合所用原料应以单一组分原料的形式填写配方，混合过程及工艺填写在产品生产工艺部分。

b. 非单一组分原料：非单一组分原料是指含 2 种或 2 种以上组分的原料，填写时应当列明组成成分及相应含量，香精以及原料中非化妆品配方成分的组分除外。

特别值得指出的是，此次《指导原则》首次明确，配方中使用了多种植物混合加工获得的植物提取物原料的，应以非单一组分原料的形式填写配方，将各植物提取物作为不同组分分别列出，按照原料信息填报各组分的百分含量。

c. 类别原料：使用类别原料的，按照《已使用化妆品原料目录》填报类别原料名称，并按要求注明其具体原料的名称。

使用的具体原料未收载于《已使用化妆品原料目录》时，应提供该具体原料已在我国注册或备案产品中使用的证明材料。

③ 使用宣称新功效的成分应标注相应的原料　化妆品注册人、备案人应根据原料在产品中的实际作用标注其主要使用目的：宣称染发、烫发、祛斑美白、防晒、防脱发、祛痘、抗皱、去屑、除臭功效的化妆品，以及宣称新功效的化妆品（适用于特殊人群除外），应在配方表使用目的栏中标注相应的功效原料，如果上述需标注的功效原料不是单一组分，应当在使用目的栏中明确其具体的功效成分。

(5)《儿童化妆品监督管理规定》

为了规范儿童化妆品生产经营活动，加强儿童化妆品监督管理，保障儿童使用化妆品安全，国家药品监督管理局根据《化妆品监督管理条例》等法律法规制定，于 2021 年 9 月 30 日公布了《儿童化妆品监督管理规定》，是我国专门针对儿童化妆品监管制定的规范性文件，全文共 22 条。

该规定明确了儿童化妆品定义，即“是指适用于年龄在 12 岁以下（含 12 岁）儿童，具有清洁、保湿、爽身、防晒等功效的化妆品”。同时，对于标识

“适用于全人群”“全家使用”等词语或者利用商标、图案、谐音、字母、汉语拼音、数字、符号、包装形式等暗示产品使用人群包含儿童的产品，按照儿童化妆品管理。此外，儿童化妆品标签不得标注“食品级”“可食用”等词语或者食品有关图案。儿童牙膏参照本规定进行管理。

充分考虑到儿童生理特点，要求儿童化妆品配方设计必须遵循“安全优先、功效必需、配方极简”的三原则：应当选用有长期安全使用历史的化妆品原料。儿童化妆品应当从原料的安全、稳定、功能、配伍等方面，结合儿童生理特点，评估所用原料的科学性和必要性，特别是香料香精、着色剂、防腐剂及表面活性剂等原料。不允许使用以祛斑美白、祛痘、脱毛、除臭、去屑、防脱发、染发、烫发等为目的的原料，不得使用尚处于监测期的新原料，不允许使用基因技术、纳米技术等新技术制备的原料。如无替代原料必须使用时，化妆品注册人、备案人应当说明原因，并针对儿童化妆品使用的安全性进行评估和必要的毒理学试验进行产品安全性评价。在危害识别、暴露量计算等方面，应当考虑儿童皮肤的特点。

儿童化妆品应标注儿童化妆品专用的“小金盾”标志（见图 4-2）和“应当在成人监护下使用”等警示用语，应避免与食品药品混淆，防止误食、误用。不得标注“食品级”“可食用”等词语或者食品有关图案。

儿童化妆品经营者应当查验所经营的儿童化妆品是否有专用的“小金盾”标志。应当对儿童化妆品标签信息与官方公示的该产品注册或者备案信息进行核对。电商平台应当在产品展示页面显著位置持续公示儿童化妆品标志。鼓励化妆品经营者分区陈列儿童化妆品，在销售区域公示儿童化妆品标志。

图 4-2 儿童化妆品专用“小金盾”标志

2022 年 5 月 1 日起新申请注册（备案）的儿童化妆品，必须按照《儿童化妆品监督管理规定》进行标签标识；2022 年 5 月 1 日前申请注册（备案）儿童化妆品，未按照《儿童化妆品监督管理规定》进行标签标识的，应当在 2023 年 5 月 1 日前完成产品标签更新。

《儿童化妆品监督管理规定》鼓励化妆品生产经营者采用信息化手段采集、保存生产经营信息，建立儿童化妆品质量安全追溯体系；鼓励化妆品注册人、备案人在标签上采用防伪技术等手段方便消费者识别、选择合法产品；鼓励化妆品注册人、备案人针对儿童化妆品制定严于强制性国家标准、技术规范的产品执行的标准；鼓励化妆品经营者在销售儿童化妆品时主动提示消费者查询产品注册或者备案信息。

(6)《牙膏监督管理办法》

《牙膏监督管理办法》是由国家市场监督管理总局于2023年3月16日公布的，共25条，它明确了由国家药品监督管理局及县级以上负责药品监督管理的部门负责牙膏监管工作，自2023年12月1日起施行。

牙膏是什么？根据国家标准《牙膏》(GB/T 8372—2017）定义，牙膏是由摩擦剂、保湿剂、增稠剂、发泡剂、芳香剂、水和其他添加剂为主要原料混合组成的膏状物质。摩擦剂、保湿剂、增稠剂是牙膏的前三大原料，是以摩擦的方式，施用于人体牙齿表面，以清洁为主要目的的膏状产品。该定义重申了牙膏的作用方式是辅助摩擦，作用部位为牙齿表面，使用目的主要是清洁，与人们日常对牙膏产品的认识基本保持一致。从该定义可以看出，《牙膏监督管理办法》中对于牙膏产品的物质性状进行了限定，须是"膏状"，意味着将牙粉、漱口水以及其他口腔护理产品等排除在外。

口腔清洁护理用品，除了牙粉、漱口水外，还有"消"字号（卫生消毒类）的口腔抑菌膏等产品，"械"字号（医疗器械类）的牙齿脱敏凝胶等产品，"药"字号（药品类）的丁硼乳膏等产品。这些产品中，安全风险相对较高的，需要按照药品、医疗器械实施严格监管；安全风险相对较低的可以按照一般工业产品管理。《牙膏监督管理办法》规定，对牙膏实行参照有关普通化妆品的规定进行备案管理，牙膏新原料按照风险程度进行注册或者备案管理。继续沿用目前的牙膏生产许可制度，对牙膏生产颁发化妆品生产许可证。

《牙膏监督管理办法》还明确了牙膏功效管理和标签要求，要求牙膏的功效宣称应当有充分的科学依据，明确牙膏应当标注和禁止标注的内容。不得宣称"消炎镇痛、止血""促进幼儿长牙""修补牙洞""闭合牙缝""稳固牙齿松动""让牙齿再生""治疗幽门螺杆菌"等未经正规评价的功效，禁止牙膏功效宣称与药品、医疗器械的界限模糊，严重误导消费者。

(7)《牙膏备案资料管理规定》

2023年11月22日，国家药品监督管理局公告了《牙膏备案资料管理规定》，自2023年12月1日起施行。本规定共有三章32条，分别为：第一章　总则：明确了适用范围、资料格式和规范性要求。第二章　用户信息相关资料要求：与化妆品用户注册的程序和流程基本相同。第三章　牙膏备案资料要求：对办法规定的牙膏备案所需的8项资料（备案人的名称、地址、联系方式；生产企业的名称、地址、联系方式；产品名称信息；产品配方；产品执行的标准；产品标签样稿；产品检验报告；产品安全评估资料）逐条进行了细化。摘要简述如下：

① 牙膏原料　a. 原料名称。产品配方应当提供全部原料的标准中文名称，如有国际化妆品原料名称（简称 INCI 名称）或者英文名称，也应当一并提供。从此原文看来，牙膏产品备案并未强制要求提供原料的 INCI 名，可只提供标准中文名称。目前牙膏原料已使用目录尚未发布，可优先参考《牙膏用原料规范》（GB 22115—2008）和《已使用化妆品原料目录（2021 年版）》。b. 原料安全相关信息。牙膏原料未提及报送事宜，需要备案人或境内责任人，在产品备案时自行填写产品所使用原料的生产商信息并提交原料安全信息资料。功效原料不是单一成分的，需要在配方表使用目的栏中明确具体的功效成分。

② 产品执行的标准　a. 当一个产品同时使用两种或两种以上制膏工艺时，需要分别简要描述各自的生产工艺，且需要提交每种工艺产品的微生物与理化检验报告，完整检验报告提供其中一种工艺产品的即可。b. 当产品宣称有防龋、抑牙菌斑、抗牙本质敏感、减轻牙龈问题功效时，需要明确功效原料的控制范围，并提交相应的检验报告。c. 根据产品实际控制的微生物与理化指标提交质量控制措施，注意其真实性和一致性，此处为技术核查重点内容。d. 注意安全警示用语的标注，如牙膏限用组分、准用组分的警示用语和注意事项等。对添加氟化物的非儿童牙膏，应当标注“本产品不适用于儿童”。儿童牙膏标注“应当在成人监护下使用”“不能食用”“谨防吞咽”等。

③ 产品标签　a. 标签标注的所有信息都需要填报在标签样稿中，且不得超出标签样稿中的内容。b. 添加氟化物的牙膏应当标明氟添加量。c. 宣称防龋、抑牙菌斑、抗牙本质敏感、减轻牙龈问题功效的，应当在标签中标注具体的功效成分。d. 添加氟化物的儿童牙膏，还需要标注单次使用限量。

④ 产品检验报告　a. 符合国家药品监督管理局关于优化普通化妆品备案检验管理有关要求的，牙膏备案人可自行或委托受托生产企业对产品进行微生物与理化项目的检验。b. 微生物与理化检验的样品要求是同一批号的产品，其他检验项目要求受检样品相关信息与备案产品信息保持一致即可。c. 不可豁免口腔黏膜刺激试验的情形：产品宣称儿童使用的；产品宣称具有防龋、抑牙菌斑、抗牙本质敏感、减轻牙龈问题功效的；产品使用尚在安全监测中新原料的。d. 功效评价除仅宣称清洁作用的，均需要进行功效评价，宣称具有防龋、抑牙菌斑、抗牙本质敏感、减轻牙龈问题等功效，需进行人体功效评价，含氟牙膏可有条件免于对防龋功效进行评价。宣称清洁以外其他功效的，需进行和提交口腔黏膜刺激试验报告、人体功效评价或者其他功效评价报告，上传功效宣称摘要。

⑤ 安全评估资料　牙膏产品参照《化妆品安全评估技术导则》，对配方中各成分进行安全评估，可通过以下方式确认各成分的安全性：a. 公开数据资料；b. 三年以上安全使用历史客观证明材料；c. 毒理学终点评估资料；d. 开展急性经口毒性、致突变、致敏性等毒理学试验。

⑥ 不同功效宣称资料区别　a. 仅宣称清洁不需要做功效评价及上传功效宣称摘要，部分可免提交口腔黏膜刺激试验报告；b. 宣称清洁以外其他功效需要人体或其他功效评价，上传功效宣称摘要，部分可免提交口腔黏膜刺激试验报告；c. 宣称防龋、抑牙菌斑、抗牙本质敏感、减轻牙龈问题，需按要求提交专项功效评价资料。

牙膏备案人应当在备案时公布功效宣称所依据的文献资料、研究数据或者产品功效评价资料的摘要，接受社会监督。牙膏的功效宣称评价应当符合法律、法规、强制性国家标准、技术规范和国家药监局规定的质量安全和功效宣称评价有关要求，保证功效宣称评价结果的科学性、准确性和可靠性，杜绝虚假、夸大宣称等问题。

4.3.2　不同类别化妆品的备案程序差别

按照《化妆品注册备案管理办法》的规定，依据化妆品的功效宣称、作用部位、使用人群的不同，对不同品类的化妆品差别化实行普通备案和注册审查备案 2 种监督管理方式。《化妆品监督管理条例》第十六条明确："用于染发、烫发、祛斑美白、防晒、防脱发的化妆品以及宣称新功效的化妆品为特殊化妆品。特殊化妆品以外的化妆品为普通化妆品。"具体而言，企业生产普通化妆品和牙膏的，只需提供相关资料和样品，并于产品投放市场后两个月以内报省、自治区、直辖市卫生行政部门备案；进口普通化妆品应当在进口前向国务院药品监督管理部门备案。

同时根据《化妆品注册备案资料管理规定》第三十五条规定："包含两个或者两个以上必须配合使用或者包装容器不可拆分的独立配方的化妆品，应当分别填写配方，按一个产品申请注册或者办理备案。其中一个（剂）或者多个（剂）产品为特殊化妆品的，应当按照特殊化妆品申请注册。"在进行普通化妆品备案时，如果分类编码的功效宣称中涉及染发、烫发、祛斑美白、防晒、防脱发以及新功效的，就不能归属于普通化妆品了，应当按特殊化妆品进行申报。

特殊化妆品经国务院药品监督管理部门注册后方可生产、进口。注册申请人首次申请特殊化妆品注册或者备案人首次进行普通化妆品备案的，应当符合监督管理办法规定条件的证明资料。申请进口特殊化妆品注册或者进行进口普通化妆品备案的，应当同时提交产品在生产国（地区）已经上市销售的证明文件以及境外生产企业符合化妆品生产质量管理规范的证明资料；专为向我国出口生产、无法提交产品在生产国（地区）已经上市销售的证明文件的，应当提交面向我国消费者开展的相关研究和试验的资料。

（1）普通化妆品，备案时应提供的资料

企业生产普通化妆品（包括牙膏）应提供下列资料和样品，并于产品投放市场后两个月以内报省、自治区、直辖市卫生行政部门备案。①产品名称、类别；②产品成分、限用物质含量；③产品卫生质量检验报告；④产品样品（5个小包装）；⑤产品使用说明书（或其草案）、标签及包装（或其设计）、包装材料。

根据《化妆品功效宣称评价规范》第七条规定“能够通过视觉、嗅觉等感官直接识别的（如清洁、卸妆、美容修饰、芳香、爽身、染发、烫发、发色护理、脱毛、除臭和辅助剃须剃毛等），或者通过简单物理遮盖、附着、摩擦等方式发生效果（如物理遮盖祛斑美白、物理方式去角质和物理方式去黑头等）且在标签上明确标识仅具物理作用的功效宣称，可免予公布产品功效宣称依据的摘要。”

（2）特殊化妆品备案流程

接受已获批准的特殊用途化妆品的技术转让的企业，应另行向省、自治区、直辖市卫生行政部门申请特殊用途化妆品批准文号。申请时，应当依据《化妆品功效宣称评价规范》的要求对化妆品的功效宣称进行评价，并在国家药监局指定的专门网站上传产品功效宣称依据的摘要。提供该产品特殊用途化妆品证书和产品样品（5～10个小包装）及其检验报告书。省、自治区、直辖市卫生行政部门同意后，报国务院卫生行政部门审查批准并发给批准文号。省、自治区、直辖市卫生行政部门应在接到全部申报材料次日起一个月以内提出意见。国务院卫生行政部门应在接到全部申报材料次日起三个月以内作出是否批准的决定。

（3）特殊化妆品审查批准的程序

特殊化妆品审查批准程序是：①生产企业到所在地地、市级以上卫生行政部门领取并填写《特殊用途化妆品卫生审查申请表》（附件二）一式3份，经企业主管部门同意后，向省、自治区、直辖市卫生行政部门提出申请。申请时提供下列资料和样品：a. 产品名称；b. 产品成分、限用物质含量；c. 制备工艺简述和简图；d. 产品卫生安全性评价资料；e. 产品样品（5～10个小包装）

及其检验报告书；f. 产品使用说明书（或其草案）、标签及包装设计、包装材料。②省、自治区、直辖市卫生行政部门进行初审。经初审同意的产品，报国务院卫生行政部门。省、自治区、直辖市卫生行政部门应在接到全部申报材料次日起三个月以内完成初审，并作出是否上报卫生部进行复审的函复。③国务院卫生行政部门在收到初审材料和人体试用或斑贴试验报告后，应于六个月以内组织化妆品安全性评审组复审。国务院卫生行政部门应于复审后两个月以内作出是否批准的决定。对批准的产品，发给特殊用途化妆品批准文号和特殊用途化妆品证书；对未批准的产品，给予函复。

4.4　日化品的品控管理

虽然日用化学品的生产过程，与石油化工、橡胶、塑料、树脂的生产相比，工艺流程较短，需要的设备装置相对轻便，一机多用的通用性更普遍，但其功效和质量的影响因素反而更多。消费者对于功效的认知需求各有差异，并不以符合产品执行的质量标准中的技术指标为满意，更多的时候是那些微观的、不能使用标准检测仪器定量表达的体验感觉，左右着用户的好恶感和复购率，品控管理尤为重要。

4.4.1　《化妆品生产质量管理规范》简介

国家药品监督管理局于 2022 年 1 月 7 日发布的《化妆品生产质量管理规范》，自 2022 年 7 月 1 日起正式施行。《化妆品生产质量管理规范》共 9 章 67 条，明确了化妆品生产企业质量管理机构与人员、质量保证与控制、厂房设施与设备管理、物料与产品管理、生产过程管理、产品销售管理等要求。

（1）落实监管政策，指导和督促企业强化生产质量管理

《化妆品生产质量管理规范》考虑既落实“放管服”改革精神，结合实际精准施策，又细化注册人、备案人制度，明确委托方主体责任；既突出重点产品、关键环节管理，又注重实操性，保证政策落地，将进一步提升我国化妆品生产质量管理的整体水平，指导和督促企业持续稳定地生产出质量安全、符合要求的化妆品。

（2）注册人、备案人应承担的主体责任

《化妆品生产质量管理规范》进一步明确了委托方（即化妆品注册人、备案人）应承担的主体责任：①应建立质量管理体系，确定受托生产企业遴

选标准，并对受托生产企业生产活动进行监督；②应设质量安全负责人并承担相应职责；③应留样并符合相关要求；④应承担产品上市放行职责；⑤应建立并执行记录管理制度，监督受托生产企业保存执行生产质量管理规范的相关记录。

(3) 强化重点产品和关键环节要求

《化妆品生产质量管理规范》进一步强化重点产品和关键环节要求：

① 将儿童化妆品、眼部用化妆品、牙膏作为重点产品，明确其半成品贮存、填充、灌装，清洁容器与器具贮存等工序，应符合生产车间洁净区的要求；

② 实行产品“双放行”，即受托生产企业履行出厂放行义务，委托方履行上市放行义务；

③ 明确产品留样数至少达到出厂检验需求量的 2 倍，并应当满足产品质量检验要求。产品为半成品的，留样应密封并附标签；

④ 明确生产工艺参数及工艺过程关键控制点，主要生产工艺应经验证。

4.4.2 《化妆品生产质量管理规范检查要点及判定原则》简介

国家药品监督管理局制定的《化妆品生产质量管理规范检查要点及判定原则》(即“新版 105 条”)，于 2022 年 10 月 25 日发布，于 2022 年 12 月 1 日正式施行。

(1) 检查要点制定的目的和依据

检查要点制定的目的是规范化妆品生产许可和监督检查工作（监管端），进一步明确质量管理体系标准要求（企业端）。其依据是《化妆品监督管理条例》《化妆品生产经营监督管理办法》《化妆品生产质量管理规范》及其他相关的法规、规章。该检查要点规定了化妆品注册人、备案人、受托生产企业必须具备的基本条件和质量体系要求，可以理解为中国版的 GMPC。

(2) 检查要点项目分布和适用范围

新版检查要点以旧版 105 条为基础，分别针对自主生产的品牌方和委托生产的品牌方分列为实际生产版 81 项，委托版 24 项，对既从事自主生产又委托生产的企业执行全部 105 项检查要点。也就是说，首次将委托方纳入监管范围。

① 生产方检查要点　其中，重点项目 29 项（重点项目包括关键项目 3 项，其他重点项目 26 项），一般项目 52 项。项目分类详见“新版 105 条”附

注，以下同。

a. 生产许可现场核查判据

省、自治区、直辖市药品监督管理部门应当依据“新版 105 条”之附 1 条款组织对化妆品生产许可申请人开展生产许可现场核查。

ⅰ. 现场核查中未发现企业存在不符合规定项目的，应当判定为“现场核查通过”。

ⅱ. 现场核查中发现企业存在以下情形之一的，应当判定为“现场核查不通过”：关键项目不符合规定；关键项目瑕疵数与其他重点项目不符合规定数总和大于 6 项（含）；重点项目不符合规定数、重点项目瑕疵数、一般项目不符合规定数总和大于 16 项（含）。

ⅲ. 现场核查中发现企业存在不符合规定项目，但未存在上述应当判定为“现场核查不通过”情形的，应当判定为“整改后复查”。判定为“整改后复查”的企业，应当在规定时间内完成整改，并向省、自治区、直辖市药品监督管理部门提交整改报告。省、自治区、直辖市药品监督管理部门收到整改报告后，可以根据实际情况对该企业组织现场复查，确认整改符合要求后，判定为“现场核查通过”；对于规定时限内未提交整改报告或者复查发现整改项目仍不符合规定的，应当判定为“现场核查不通过”。

b. 日常监督检查判据

ⅰ. 对从事化妆品生产活动的化妆品注册人、备案人、受托生产企业监督检查负责药品监督管理的部门应当依据“新版 105 条”之附 1 条款对已取得化妆品生产许可证的企业生产质量管理规范执行情况开展全部或者部分项目监督检查。

ⅱ. 现场检查中未发现企业存在不符合规定项目的，应当判定为“检查未发现生产质量管理体系存在缺陷”。

ⅲ. 现场检查中发现企业存在以下情形之一的，应当判定为“生产质量管理体系存在严重缺陷”，此项判据与上述“生产许可现场核查判据”之“现场核查不通过”类目数相同。

ⅳ. 现场检查中发现企业存在不符合规定项目，但未存在上述应当判定为“生产质量管理体系存在严重缺陷”情形的，应当判定为“生产质量管理体系存在缺陷”。

② 委托生产方检查要点　其中，重点项目 9 项（重点项目包括关键项目 1 项，其他重点项目 8 项），一般项目 15 项。负责药品监督管理的部门应当依据“新版 105 条”之附 1 条款，对委托生产的化妆品注册人、备案人生产质量管理规范执行情况开展全部或者部分项目监督检查。

对委托生产方的核查判据：

ⅰ. 现场检查中未发现企业存在不符合规定项目的，应当判定为“检查未发现生产质量管理体系存在缺陷”。

ⅱ. 现场检查中发现企业存在以下情形之一的，应当判定为“生产质量管理体系存在严重缺陷”：关键项目不符合规定；关键项目瑕疵数与其他重点项目不符合规定数总和大于 4 项（含）；重点项目不符合规定数、重点项目瑕疵数、一般项目不符合规定数总和大于 8 项（含）。

ⅲ. 现场检查中发现企业存在不符合规定项目，但未存在上述应当判定为“生产质量管理体系存在严重缺陷”情形的，应当判定为“生产质量管理体系存在缺陷”。

“新版 105 条”检查要点项目判据数见表 4-3。

表 4-3　“新版 105 条”检查要点项目判据数

<table>
<tr><th rowspan="2">类型</th><th rowspan="2" colspan="2">项目分类</th><th rowspan="2">缺陷数</th><th colspan="3">不符合判定</th></tr>
<tr><th>条件 1</th><th>条件 2</th><th>条件 3</th></tr>
<tr><td rowspan="5">生产企业版</td><td rowspan="4">重点项目</td><td rowspan="2">关键项目 3 项</td><td>不符合数</td><td>≥1 项</td><td rowspan="3">≥6 项</td><td rowspan="5">≥16 项</td></tr>
<tr><td>瑕疵数</td><td></td></tr>
<tr><td rowspan="2">其他重点项目 26 项</td><td>不符合数</td><td></td></tr>
<tr><td>瑕疵数</td><td></td><td></td></tr>
<tr><td colspan="2">一般项目：52 项</td><td>不符合数</td><td></td><td></td></tr>
<tr><td rowspan="5">委托生产版</td><td rowspan="4">重点项目</td><td rowspan="2">关键项目 1 项</td><td>不符合数</td><td>≥1 项</td><td rowspan="3">≥4 项</td><td rowspan="5">≥8 项</td></tr>
<tr><td>瑕疵数</td><td></td></tr>
<tr><td rowspan="2">其他重点项目 8 项</td><td>不符合数</td><td></td></tr>
<tr><td>瑕疵数</td><td></td><td></td></tr>
<tr><td colspan="2">一般项目：15 项</td><td>不符合数</td><td></td><td></td></tr>
</table>

（3）对“关键项目”监督检查事项的解读

“新版 105 条”里共设立“关键项目”4 项，其中生产企业版 3 项，委托生产版 1 项。在“化妆品生产质量管理规范检查分类及判定原则”的判据里，判定为“现场检查不通过”的第一条就是“关键项目不符合规定”，即具有“一票否决”性。依据本书编著者的领会，现初步解读如下：

① 附 1 之第 49 项（第二十九条第二款） 管理规范中该条款的原文是：“不得使用禁用原料、未经注册或者备案的新原料，不得超出使用范围、限制条件使用限用原料，确保原料、外购的半成品、内包材符合法律法规、强制性国家标准、技术规范的要求。”

本项是对生产上使用的物料进行监督，要求企业应对已使用的原料、外购半成品、内包材进行合规性评价，确保物料及其使用均符合最新的相关法律法规、强制性国家标准、技术规范的要求（表 4-4）。

表 4-4 原料清单及合规性评价表

________年版本 发布日期________________ 编号：________

<table>
<tr><th>序号</th><th>原料代码</th><th>商品名</th><th>是否关键原料</th><th>中文名</th><th>INCI名</th><th>是否为“已使用化妆品原料目录”中原料</th><th>可能含有的安全风险物质</th><th>使用范围和限制条件（最大允许浓度）</th></tr>
<tr><td rowspan="5">1</td><td rowspan="5">1. Y. 0009</td><td rowspan="5">燕麦-β-葡聚糖</td><td rowspan="5">是</td><td>水</td><td>WATER</td><td>是</td><td></td><td></td></tr>
<tr><td>甘油</td><td>GLYCERIN</td><td>是</td><td>二甘醇</td><td></td></tr>
<tr><td>燕麦（AVENA SATIVA）-β-葡聚糖</td><td></td><td>是</td><td></td><td></td></tr>
<tr><td>苯氧乙醇</td><td></td><td>是</td><td>苯酚、二噁烷</td><td>准用防腐剂，最大允许浓度 1.0%</td></tr>
<tr><td>乙基已基甘油</td><td></td><td>是</td><td></td><td></td></tr>
<tr><td>2</td><td>…</td><td>…</td><td>…</td><td>…</td><td>…</td><td>…</td><td>…</td><td>…</td></tr>
<tr><td>3</td><td>…</td><td></td><td></td><td></td><td></td><td></td><td></td><td></td></tr>
<tr><td></td><td>…</td><td></td><td></td><td></td><td></td><td></td><td></td><td></td></tr>
</table>

生产企业应结合原料和外购半成品的成分、内包材的材质和特性等，对可能存在的风险物质和安全风险进行识别和评估。应结合原料的采购和使用情况，对是否使用禁用原料，是否超限制范围或限量使用限用原料的情况进行评估。

现场检查时，应提供的证明证据：a. 原料采购和使用相关记录；b. 原料清单及合规性评价记录；c. 外购半成品清单及合规性评价记录；d. 内包材清单及合规性评价记录。

符合性判据：a. 企业是否使用禁用原料、未经注册或备案的新原料；b. 企业是否超出使用范围、限制条件使用限用原料；c. 企业使用的原料、外购的半成品、内包材是否符合法律法规、强制性国家标准、技术规范的要求。

② 附 1 之第 61 项（第三十六条） 管理规范中该条款的原文是：“企业应当按照化妆品注册、备案资料载明的技术要求建立并执行产品生产工艺规程和岗位操作规程，确保按照化妆品注册、备案资料载明的技术要求生产产品。企业应当明确生产工艺参数及工艺过程的关键控制点。”

本项是对生产工艺和操作规程执行情况进行监督。要求生产企业应根据产品种类和特点建立并执行相应的生产工艺规程和岗位操作规程，并确保与产品注册、备案资料载明的技术要求保持一致。

具体查验要求是：a. 实际生产中的投料配方、生产工艺步骤和关键参数、检验指标和质量控制措施等均应与注册、备案时提交的资料保持一致或相符合。b. 不同配方的产品应分别建立生产工艺规程，内容通常包括配方原料组成，称量标准及允许误差，以及配制、灌装、包装等过程的操作步骤、参数和关键控制点，物料平衡限度范围等内容。c. 生产工艺规程中规定的关键控制点应当进行监控和记录（如温度、时间、转速、压力、灌装量等）。d. 称量、投料、配制等关键工序应当采用双人复核制，由一人操作，另一人复核和记录，操作人和复核人均应签名确认。

现场核查时，应提供的证明证据：a. 生产工艺规程；b. 设备操作规程；c. 岗位作业指导书（或相关文件）；d. 产品注册、备案纸质资料档案；e. 生产工艺关键控制点的监控记录。

符合性判据：a. 企业是否建立并执行产品生产工艺规程和岗位操作规程；b. 产品生产工艺规程是否符合对产品质量安全有实质性影响的技术性要求；c. 企业生产工艺规程中是否明确生产工艺参数及工艺过程的关键控制点。

③ 附 1 之第 74 项（第四十五条第一款） 管理规范中该条款的原文是："企业应当建立并执行产品放行管理制度，确保产品经检验合格且相关生产和质量活动记录经审核批准后，方可放行。"

设置本项目是对企业在产品出厂放行环节执行审批情况的监督。

依据国家药品监督管理局发布的《企业落实化妆品质量安全主体责任监督管理规定》的公告相关规定，企业应建立逐批放行机制。

对企业存档资料核查时的要求是：

a. 企业应建立产品出厂放行管理制度，明确产品放行的职责和权限、放行前审批流程、审核内容和标准、批准放行的形式、放行记录管理等内容，确保每批产品出厂前均经过批准放行。质量安全负责人应当组织对产品进行逐批审核，确保每批放行产品均检验合格且相关生产和质量活动记录经其审核批准；应当形成产品放行记录（表 4-5），记录的内容至少包括产品放行的时间，放行产品的名称、批号、数量以及放行检查内容；质量安全负责人发现产品存在质量安全风险的应当不予放行，立即组织采取风险控制等措施，并及时报告法定代表人。

b. 产品放行前应对产品出厂检验报告进行审核，确保已完成感官指标、理化指标、菌落总数、霉菌和酵母菌总数等全部出厂检验项目的检验，且检验结果为合格，检验原始数据真实、完整、准确。

表 4-5 产品出厂放行记录表

编号：RYJY-QA-08-03 B/1

<table>
<tr><td>产品代码</td><td></td><td>生产订单号</td><td></td><td>批号</td><td></td></tr>
<tr><td>产品名称</td><td colspan="3"></td><td>数量</td><td></td></tr>
<tr><td colspan="2">审核项目</td><td colspan="3">审核标准和放行条件</td><td>结果判定</td></tr>
<tr><td rowspan="6">质量管理部审核</td><td>领料单
退仓单</td><td colspan="3">所用物料均为合格供应商提供，经验收合格，物料领用、发放、退仓按规定程序执行</td><td>□ 符合
□ 不符合</td></tr>
<tr><td>生产任务单
称量批记录
配料批记录
灌装批记录
包装批记录</td><td colspan="3">物料领用符合生产任务单的要求，物料使用、退库有相应记录，各工序物料平衡在规定限度内。关键工序生产过程有操作人、复核人签名确认，各项数据记录及时、真实、准确，各工序严格执行清场管理制度，有相应的清场记录</td><td>□ 符合
□ 不符合</td></tr>
<tr><td>半成品检验报告
完工检验报告
灌装过程巡检表
包装过程巡检表</td><td colspan="3">生产过程无质量异常，或质量异常已按批准的方案处理完毕，无返工情况或返工后得到复检且结果合格。中间产品和成品已完成检验，且结果为合格，检验数据真实、完整、准确。相应质量控制措施落实和确认</td><td>□ 符合
□ 不符合</td></tr>
<tr><td>生产一致性</td><td colspan="3">产品已完成注册、备案，产品配方、生产工艺、销售包装及标签内容等符合注册、备案资料载明的技术要求</td><td>□ 符合
□ 不符合</td></tr>
<tr><td>生产异常处理</td><td colspan="3">生产过程中的各种偏差已按规定的程序调查、分析并处理完成，偏差处理结果符合相关规定</td><td>□ 符合
□ 不符合</td></tr>
<tr><td>成品检验报告</td><td colspan="3">已完成出厂项目检验，且检验结果为合格，检验报告项目齐全，检验数据真实、完整、准确</td><td>□ 符合
□ 不符合</td></tr>
<tr><td colspan="6">审核结论：□符合放行条件　□不符合放行条件　审核人/日期：________</td></tr>
<tr><td colspan="6">放行审批：□同意放行　□不予放行　批准人/日期：________</td></tr>
</table>

c. 产品放行前应当对批生产记录、批检验记录、物料平衡记录、返工和偏差处理记录等生产和质量活动记录进行审核和检查，确保符合相关法规和管理制度的要求，并保留核查和批准放行的记录备查。

d. 质量管理部门负责人承担产品放行相关资料的审核职责。质量安全负责人承担产品放行的最终审批职责（不可授权）。所有产品（包括出厂的半成品）必须由质量安全负责人批准放行后方可出厂。

e. 负责产品销售和仓库管理的发货人员应该严格执行产品放行相关规定，在没有收到质量安全负责人批准的产品放行记录前不得私下安排产品出厂。

现场检查时，应提供的证明证据：a. 产品放行管理制度；b. 产品放行记录表；c. 批生产和检验记录，出厂检验报告；d. 产品注册、备案凭证。

符合性判据：a. 企业是否建立并执行产品放行管理制度；b. 产品放行前，企业是否确保产品经检验合格且检验项目至少包括出厂检验项目；c. 是否确保相关生产和质量活动记录经质量安全负责人审核批准。

④ 附 2 之第 13 项（第五十五条第一款） 管理规范中该条款的原文是："委托方应当建立并执行产品放行管理制度，在受托生产企业完成产品出厂放

行的基础上，确保产品经检验合格且相关生产和质量活动记录经审核批准后，方可上市放行。”

本项目设置的依据是国家药品监督管理局发布的《企业落实化妆品质量安全主体责任监督管理规定》公告，企业应建立逐批放行机制。旨在监督委托方建立并执行产品放行管理制度（或相关文件），明确产品放行条件、核查内容、审批程序及相关的职责和权限，确保产品经质量安全负责人批准放行后才能上市销售。

实施检查的具体要求是：a. 委托生产的产品应当按照《化妆品生产质量管理规范》要求施行“双放行”制度，即受托生产企业在产品出厂前完成“出厂放行”，委托方在产品上市前完成“上市放行”；b. 委托方应当在受托生产企业已完成出厂放行的基础上，确保产品经检验合格且双方相关生产和质量活动记录经各自质量安全负责人审核批准，委托方质量安全负责人应当组织对产品进行逐批审核，确保每批放行产品均检验合格且相关生产和质量活动记录经其审核批准，方可上市放行；c. 委托方应当形成产品上市放行记录，记录的内容至少包括产品放行的时间，放行产品的名称、批号、数量以及放行审核内容（表 4-6），质量安全负责人应当在产品上市前对产品的出厂检验报告、出厂放行记录、进货查验记录、注册备案凭证等进行核查，并依据核查结果作出是否放行的决定；d. 委托方应当确保质量安全负责人能够独立行使放行权，质量安全负责人发现产品存在质量安全风险的应当不予放行，立即组织采取风险控制等措施，并及时报告法定代表人。任何部门和个人不得阻碍、干扰质量安全负责人依法履行产品放行职责。未经批准放行的产品不得上市销售。

表 4-6　产品上市放行记录表

编号：JXT-QA-12-06 A/1

产品名称				批号	
订单号		客户名称		数量	
序号	审核项目和标准			结果判定	
1	受托生产企业已完成出厂放行			□ 符合	□ 不符合
2	出厂放行记录内容齐全且无异常，相关的生产和质量活动记录已经通过审核批准			□ 符合	□ 不符合
3	产品出厂检验报告结果为合格，且检验项目及检验方法符合法规要求			□ 符合	□ 不符合
4	产品入库查验结果为合格			□ 符合	□ 不符合
5	产品已完成注册、备案			□ 符合	□ 不符合
6	产品标签内容符合法规要求，且与备案一致			□ 符合	□ 不符合
7	返工处理后的产品已经过复查，且复查结果为合格			□ 符合	□ 不符合

续表

序号	审核项目和标准	结果判定
8	上市放行的产品具有出厂检验报告或者合格标记等形式的产品质量检验合格证明	□ 符合　□ 不符合
审核意见：	审核人/日期：__________	
审批结论：	批准人/日期：__________	

现场检查时，应提供的证明证据：a. 产品放行管理制度（或相关文件）；b. 产品上市放行记录；c. 受托生产企业的出厂放行记录；d. 受托生产企业的出厂检验报告；e. 产品注册、备案凭证。

符合性判据：a. 委托方是否建立并执行产品放行管理制度；b. 产品上市前，委托方是否确保产品经检验合格且检验项目至少包括出厂检验项目；c. 是否确保委托双方相关生产和质量活动记录经各自质量安全负责人审核批准。

（4）对监督检查判定为不符合的惩戒办法

① 对现场检查存在不符合项目但未达到“现场核查不通过”条件的，由企业提交整改报告，监管部门按实际情况组织现场复查。企业违法行为轻微，没有造成危害后果，整改后符合要求的，依法不予行政处罚。

② 实际生产版第 5、11、22、49、50、52、54、57、58、59、73、76、77、80 或者 81 项等检查项目不符合规定的，注册人、备案人、受托生产企业可能存在违反《化妆品监督管理条例》的行为；经立案调查存在违法行为的，应当依法查处。

③ 委托生产版第 2、4、9、11、12、14、19、20、23 或者 24 项等检查项目不符合规定的，注册人、备案人可能存在违反《化妆品监督管理条例》的行为；经立案调查存在违法行为的，应当依法查处。

4.4.3　品控标准及知识产权保护

在《化妆品分类规则和分类目录》里，对化妆品按照功效宣称、作用部位、使用人群、产品剂型、使用方法拟定了不同的分类目录，共有 5 项、56 类。市场上实际销售的日化品品类成千上万，每个品类（含不同型号）的产品出厂都要求有相应的品控标准。国家级、行业层级（省、自治区、直辖市地方标准也属于这个层级）的品控标准的数量相对来说是很有限的，其中一些属于指导性的推荐标准，一些则是务必满足的强制性标准。更多的是尚未上升到行业层级的企业标准，它们往往是企业为了指导和规范新开发产品的生产和检测，由企业自主制订的。这些产品在功效上能够满足某些小众用户（消费者）

的需要，这类企业产品标准里面往往包含某个（些）项特征性的技术指标，或者某些技术指标高于相应的国家和行业标准，因而能够彰显生产企业的技术水平和特色，能够赢得“品牌效应”。

标准作为技术文献的一个大类别，根据其涉及内容的不同，一般分为基础标准、测试方法标准和产品标准 3 类。其中，基础标准是在一定范围内，作为其他标准的基础并普遍使用，具有广泛指导意义的共性标准。它是相关各方面必须共同遵守的准则，是制定测试方法标准和产品标准的依据。基础标准是对一定范围内的标准化对象的共性因素，如概念、数系、通则等做出统一的规定。基础标准主要包括：①技术通则类；②通用技术语言类；③结构要素和互换互连类；④参数系列类；⑤环境适应性、可靠性、安全性类；⑥ 通用方法类。

（1）现行的国家和行业层级的基础标准（日化类部分举例，表 4-7）

表 4-7　现行的国家和行业层级的基础标准

标准号	标准名称	发布日期
GB/T 24692—2023	表面活性剂 家庭机洗餐具用洗涤剂 性能比较试验导则	2023-11-27
GB/T 23955—2009	化学品命名通则	2009-06-02
GB/T 23956—2009	化工产品使用说明书编写规定	2009-06-02
QB/T 5827—2023	婴幼儿衣物洗涤剂 通用技术要求	2023-05-22

（2）现行的国家和行业层级的测试方法标准（日化类部分举例，表 4-8）

表 4-8　现行的国家和行业层级的测试方法标准

标准号	标准名称	发布日期
GB/T 23961—2023	低碳脂肪胺含量的测定 气相色谱法	2023-09-07
GB/T 24800.10—2009	化妆品中十九种香料的测定 气相色谱-质谱法	2009-11-30
GB/T 24800.11—2009	化妆品中防腐剂苯甲醇的测定 气相色谱法	2009-11-30
GB/T 24800.3—2009	化妆品中螺内酯、过氧苯甲酰和维甲酸的测定 高效液相色谱法	2009-11-30
QB/T 1324—2023	洗涤剂和表面活性剂含水量的测定 卡尔·费休法	2023-04-21
QB/T 4309—2023	衣物柔顺剂再润湿性能的测定	2023-04-21
QB/T 2738—2023	日化产品抗菌抑菌效果的评价方法	2023-04-21

（3）现行的国家和行业层级的产品标准（日化产品部分举例，表 4-9）

表 4-9　现行的国家和行业层级的日化品标准

产品类别	品类	标准号文件及名称
洗涤	通用洗涤用品	GB/T 39020—2020 绿色产品评价　洗涤用品
	洗涤用品标识和包装	QB/T 2952—2008 洗涤用品标识和包装要求

续表

产品类别	品类	标准号文件及名称
洗涤	洗衣粉	GB/T 13171.1—2022 洗衣粉　第 1 部分:技术要求
		GB/T 13171.2—2022 洗衣粉　第 2 部分:试验方法
	洗衣片	QB/T 5779—2023 洗衣片
	洗衣液	QB/T 1224—2012 衣料用液体洗涤剂
	洗衣皂	GB/T 2486—2008 洗衣皂
	香皂	QB/T 2485—2023 香皂
	洗涤剂	GB 14930.1—2022 食品安全国家标准 洗涤剂
	洗手液	GB/T 34855—2017 洗手液
	特种洗手液	GB 19877.1—2005 特种洗手液
	餐具洗涤剂	GB/T 9985—2022 手洗餐具用洗涤剂
	果蔬清洁剂	GB/T 24691—2022 果蔬清洗剂
	硬表面清洁剂	QB/T 5826—2023 工业和公共设施硬表面清洁剂
	饮料用瓶清洗剂	QB/T 2967—2023 饮料用瓶清洗剂
牙膏	牙膏	GB/T 8372—2017 牙膏
	功效型牙膏	QB/T 2966—2025 功效型牙膏
	牙粉	QB/T 2932—2008 牙粉
	口腔清洁护理液	QB/T 2945—2012 口腔清洁护理液
护肤	化妆水	QB/T 2660—2004 化妆水
	面膜	QB/T 2872—2017 面膜
	护肤乳液	GB/T 29665—2013 护肤乳液
	润肤膏霜	QB/T 1857—2013 润肤膏霜
	护肤啫喱	QB/T 2874—2007 护肤啫喱
	去角质啫喱	GB/T 30928—2014 去角质啫喱
	润肤油	GB/T 29990—2013 润肤油
	按摩基础油、按摩油	QB/T 4079—2025 按摩基础油、按摩油
	润唇膏	GB/T 26513—2023 润唇膏(啫喱、霜)
	香水、古龙水	QB/T 1858—2004 香水、古龙水
	花露水	QB/T 1858.1—2006 花露水
	抑汗香体液	GB/T 35955—2018 抑汗(香体)液(乳、喷雾、膏)
	驱蚊花露水	QB/T 4147—2019 驱蚊花露水
	爽身粉、祛痱粉	QB/T 1859—2013 爽身粉、祛痱粉
	脱毛霜(乳)	QB/T 5108—2017 脱毛霜(乳)

续表

产品类别	品类	标准号文件及名称
洗护	沐浴剂	GB/T 34857—2017 沐浴剂
	特种沐浴剂	GB 19877.2—2005 特种沐浴剂
	洗面奶、洗面膏	GB/T 29680—2013 洗面奶、洗面膏
	洗发液、洗发膏	GB/T 29679—2013 洗发液、洗发膏
	护发素	QB/T 1975—2013 护发素
	发乳	QB/T 2284—2011 发乳
	发用啫喱水	QB/T 2873—2007 发用啫喱(水)
	发油	QB/T 1862—2011 发油
	发蜡	QB/T 4076—2010 发蜡
	油膏(发膜)	QB/T 4077—2010 油膏(发膜)
	定型发胶	QB/T 1644—1998 定型发胶
	发用摩丝	QB/T 1643—1998 发用摩丝
	卸妆油	GB/T 35914—2018 卸妆油(液、乳、膏、霜)
	剃须膏、剃须凝胶	GB/T 30941—2014 剃须膏、剃须凝胶
	洗甲液	QB/T 4364—2012 洗甲液
彩妆	睫毛膏	GB/T 27574—2011 睫毛膏
	化妆笔、化妆笔芯	GB/T 27575—2011 化妆笔、化妆笔芯
	唇彩、唇油	GB/T 27576—2011 唇彩、唇油
	香粉(蜜粉)	GB/T 29991—2013 香粉(蜜粉)
	眼线液(膏)	GB/T 35889—2018 眼线液(膏)
	化妆粉块	QB/T 1976—2004 化妆粉块
	唇膏	QB/T 1977—2004 唇膏
	指甲油	QB/T 2287—2011 指甲油

(4) 企业标准

企业生产的产品，原则上，有国标或者行业及地方标准的，应优先采用（执行）。但是，企业开发（自主研发或者接受技术转让获得）的新产品，在市场上属于技术创新的，在某个（些）技术指标上超过或者异于同类产品的国标或者行业及地方标准的，生产企业应该为之制订自己的企业产品标准。

企业产品标准文件的格式和项目条款类似于国标、行业标准，某些条款可以从略编制。该产品在上市交易时，在营销合同的条款中注明（以附件形式签章），可以作为买卖双方检测判定产品质量是否符合合同要求的依据，具有相应的法律效力。因此，企业产品标准文件的制订必须科学、严谨，包含必要的标准条款内容。

基于避免广告之嫌，也为了保护企业的知识产权，这里不做举例说明。

(5) 日化产品的知识产权保护

2021年1月1日实施的民法典中第一百二十三条规定："民事主体依法享有知识产权。知识产权是权利人依法就下列客体享有的专有的权利：(一) 作品；(二) 发明、实用新型、外观设计；(三) 商标；(四) 地理标志；(五) 商业秘密；(六) 集成电路布图设计；(七) 植物新品种；(八) 法律规定的其他客体。"因此，不论是自主研发或者接受技术转让，企业生产的新产品都应该给予知识产权保护。

知识产权法律风险管理是指针对各知识产权客体特点，为防范和化解法律风险展开的有针对性的管理。企业可以按照部门业务与知识产权的相关性，定期检查是否存在侵犯他人知识产权的风险，是否存在泄密风险，并及时做好新员工知识产权教育培训和签署保密协议。实务中，专利常见的法律风险包括：职务发明、合作发明权属争议风险、专利侵权风险、专利许可和转让风险、专利被无效风险等；商业秘密常见的法律风险包括：核心技术人员职务发明争议风险、商业秘密泄漏风险、人员流动导致商业秘密失泄风险等；商标常见的法律风险包括：商标未注册或被抢注风险、商标不能保护产品风险、商标被他人撤销风险、商标许可和转让风险等。

就日化产品而言，其知识产权保护的重点在于：产品的配方、原料采购渠道及成交条件、生产工艺技术、产品销售客户信息和成交条件等，即使还没有申请专利或者形成"作品"。在此，编著者提醒日化企业，应该及时对具有新颖性、创造性、实用性的产品配方、生产工艺技术等申请专利保护，维护企业应得的商业利益和荣誉。

4.4.4 新品开发及技术引进

随着新原料不断被推出、对功效协同发挥原理的深入研究和运用、各种复配技术和高新装置的应用，特别是人们对美好生活的全面追崇，生理体验感越发细腻和个性化，倒逼日用化学品生产企业需要不断推出功能差异化的产品，才能在激烈竞争的市场中谋得一席之地。

新产品开发的途径不外乎两条，一是企业依靠自有技术力量和条件，自主立项研究开发（包括企业为主导，联合科研机构、大专院校并参与合作过程的开发）；二是从相关科研机构、大专院校的科技成果中筛选引进（或者立项委托他们研发）。两条路径各有利弊，企业应该根据实际情况和开发难度进行选择。

(1) 日化品的企业自主开发

企业自主开发新产品，除了需要具备相适应的科技人员和实验、测试条件外，最重要的工作是对市场前景的调研和预测，明确产品的目标消费群及其功能诉求，所开发的产品具有实实在在的营销拓展空间，产生社会效益和税收、利润。

立项前期的市场调研工作务必“实打实”，不仅要研究产品开发的“可行性”，还要研究其“不可行性”。其中包括所需的原料是否安全、合规，目标功能的配伍协同和工艺技术原理（装备）是否合理和成熟，宣称的功效能不能实现合理的测试和体验呈现，预期的生产成本（售价）会不会被市场（消费者）接受等。

如果使用到的原料不在“已使用化妆品原料目录”和“准用化妆品原料目录”里，有没有可能在新产品投放市场前，通过本企业或其他原料生产企业申报注册后纳入到这些目录里。生产过程中需要使用的新型工艺装备，届时有无合适的企业定型生产提供，从技术原理上预计其运行稳定性如何？产品的新功效宣称评价所依据的文献资料和研究数据的出处和来源能否落实？形成商品后消费者会不会为购买新产品的“投入-产出”买单（乐意接受)?

新产品的研究开发过程可能会遭遇各种困难和障碍，过程是艰苦的，能不能在预计的周期内完成研发，申请并获得发明专利，乃至参与制订产品的质量标准，引领和抢占到市场话语权、定价权，在该产品市场生命周期的“引入期”“成长期”入市。这些也是企业自主开发新产品时必须考虑到的。

有关日化品自主开发的工作流程，已在上一章“3.1.2 支撑特色功效的原理”下的“（1）化妆品配方研发的通常流程”里做了介绍，此处不做赘述。

(2) 日化品的技术引进

日化品开发的技术引进，是企业借助外力、快速推出新产品的一种模式。尽管有很多科研机构号称可以“一揽子”服务，在指定合同期内实施完成“交钥匙”系统，但尚未见一家能够承诺新产品的营销最低盈利率达到多少的新闻报道或者合约。所以，关于新产品的市场预期、营销渠道、用户服务等关键环节和内容，是引进不来的，必须由品牌方（即产品注册备案人）逐一运筹帷幄。

在洽谈技术引进合同条款时，需要注意其中的知识产权的转移事项，牵涉到核心技术的专利实施许可（可参见书末的参考文献［73］)、科技成果所有权的分享等事项都必须一一用恰当的文字条款写入合同中，载明清晰。

通常的做法是，技术承接方依据技术转让合同，依据合同执行的进度节点，分3期给付合同总额多少百分比的款项给转让方，头期项目启动金占比稍多一点（约50%），合同执行完毕后留有少量的尾款（习惯称之为质量保证金），在半年或一年的节点上结清。有些合同也规定了技术转让方可以在项目投产后分年度按约定数额取酬，但原则上不参与新产品的生产经营活动，不对技术转让项目的投资经营承担风险。这些合作细节不是几个章节段落能够介绍清楚的，也超出了本书的编著范围。

4.4.5 技术管理与质量品控相得益彰

在日化品生产企业的职能部门设置上，技术开发部和质量检验部往往是单独分列的，其职责类同于体育赛事上的运动员和裁判员，彼此存在相互督促和深度合作的共赢关系。

（1）技术管理部门的职责

技术管理部是日用化工厂的技术支持部门，其职责总体来说有两部分：研发技术管理和生产技术管理。研发技术管理包括：企业技术改造和产品发展战略、技术（情报）信息、技术档案、技术引进和合作、知识产权管理等。生产技术管理包括工艺技术管理、设备和能源计量管理、质量管理、职业安全健康管理、环境保护管理等。主要职责包括以下：

① 新产品研发　根据市场需求和公司发展战略，开展新产品的开发和试制工作，提供新产品开发方案和工艺流程，并与生产部门进行合作，确保新产品的顺利投产。

② 工艺改进　对现有产品的生产工艺进行研究和改进，提高产品质量和生产效率，降低生产成本。

③ 技术支持　为生产部门和销售部门提供技术支持，解决生产过程中的技术问题，提供技术方案和技术咨询服务，并参与解决客户反馈的技术问题。

④ 质量控制　负责开发和优化质量控制方法和技术，制定质量控制标准和检测方法，确保产品质量达标和稳定。

⑤ 技术培训　组织和实施员工的技术培训计划，提高员工的专业技能和综合素质，提高企业的创新力和竞争力。

⑥ 技术合作　与国内外相关行业的科研机构、高校和企业进行技术合作，开展联合研发和技术转让，提高企业的技术水平和创新能力。

（2）质量管理部门的职责

质量管理部是日化厂的质量管理部门，其职责是负责全厂的质量控制和化学品（包括原材料、中间产品和成品）的质量检验工作。质量检验机构必须服从于质量管理机构。企业的质量管理，是企业经营管理的中心环节，是系统性的综合管理工作。产品质量检验工作或称技术检验工作，是具有执法意义的技术工作。质量管理的主要职责是：

① 坚持按标准组织生产　标准化工作是质量管理的重要前提，是实现管理规范化的需要，“没有规矩不成方圆”。企业的标准分为技术标准和管理标准。工作标准实际上是从管理标准中分离出来的，是管理标准的一部分。技术标准主要分为原辅助材料标准、工艺规程标准、半成品标准、产成品标准、包装标准、检验方法标准等。它是沿着产品形成这个流程环环控制投入各工序物料的质量，层层把关设卡，使生产过程处于受控状态。

管理标准是规范人的行为、规范人与人的关系、规范人与物的关系，是为提高工作质量、保证产品质量服务的。它包括产品工艺规程、操作规程和经济责任制等。企业标准化的程度，反映企业管理水平的高低。有道是，产品质量是管理出来的，不是检测出来的。企业要保证产品质量，首先要建立健全各种技术标准和管理标准，力求配套；二是要严格执行标准，把生产过程中物料的质量、人的工作质量给予规范，严格考核，奖罚兑现；三是要不断修订改善标准，贯彻实现新标准，保证标准的先进性。在这一点上，与技术管理部门的职责具有异曲同工的相得益彰之共鸣。

② 强化质量检验机制　建立和执行质量检验制度，制订质量检验标准和程序，建立完善的质量检验体系，确保产品质量可靠和稳定。质量检验在生产过程中发挥以下职能：一是保证的职能，也就是把关的职能。通过对原材料、半成品的检验，鉴别、分选、剔除不合格品，并决定该产品或该批产品是否接收。保证不合格的原材料不投产，不合格的半成品不转入下道工序，不合格的产品不出厂；二是预防的职能，通过质量检验获得的信息和数据，为控制提供依据，发现质量问题，找出原因及时排除，预防或减少不合格产品的产生；三是报告的职能，质量检验部门将质量信息、质量问题及时向厂长或上级有关部门报告，为提高质量，加强管理提供必要的质量信息。

要提高质量检验工作，一是需要建立健全质量检验机构，配备能满足生产需要的质量检验人员和设备、设施；二是要建立健全质量检验制度，从原材料进厂到产成品出厂都要实行层层把关，做原始记录，生产工人和检验人员责任分明，实行质量追踪。同时要把生产工人和检验人员职能紧密结合起来，检验人员不但要负责质检，还有指导生产工人的职能。生产工人不能只管生产，自己生产出来的产品自己要先进行检验，要实行自检、互检、专检三者相结合；三是要树立质量检验机构的权威，质量检验机构必须在厂长的直接领导下，任何部门和人员都不能干预，经过质量检验部门确认的不合格的原材料不准进厂，不合格的半成品不能流到下一道工序，不合格的产品不许出厂。对不合格品进行分类和处理，及时提出整改措施和改进方案，防止不良品流入市场。

③ 实行质量否决权 产品质量靠工作质量来保证，工作质量的好坏主要是人的问题。因此，如何挖掘人的积极因素，健全质量管理机制和约束机制，是质量工作中的一个重要环节。

质量责任制或以质量为核心的经济责任制，是提高人的工作质量的重要手段。质量管理在企业各项管理中占有重要地位，这是因为企业的重要任务就是生产产品，为社会提供使用价值，同时获得经济效益。质量责任制的核心就是企业管理人员、技术人员、生产人员在质量问题上实行责、权、利相结合。作为生产过程的质量管理工作，首先要对各个岗位及人员梳理质量职能，即明确在质量问题上各自负什么责任，工作的标准是什么。其次，要把岗位人员的产品质量与经济利益紧密挂钩，兑现奖罚。对长期优胜者给予重奖，对玩忽职守造成质量损失的，除扣罚相应工资外，还应处以赔偿或其他处分。针对关键部位、薄弱环节以及主要因素等需采取的特殊管理措施和办法，实行强化管理，使工厂处于稳定的受控状态，保证规定的质量要求。

此外，为突出质量管理工作的重要性，还要实行质量否决制度。就是把质量指标作为考核干部职工的一项硬指标，其他工作不管做得如何好，只要在质量问题上出了问题，在评选先进、晋升、晋级等荣誉和职级评定项目时实行一票否决。

④ 抓住影响产品质量的关键因素，与技术部门一起确定和设置质量管理点或质量控制点（包括技术指标） 质量管理点（控制点）是指生产制造现场在一定时期、一定的条件下对需要重点控制的质量特性进行系统分析，找出重点部位和薄弱环节并加以控制的管理节点。

⑤ 质量信息和人员培训管理 负责质量检验数据的记录、整理和分析，及时向有关部门提供质量问题的报告和分析意见，提供质量改进的依据。组织和实施员工的质量培训计划，提高员工的质量意识和质量技能，促进企业质量管理水平的不断提高。

以上所列技术开发部门和质量管理部门的职责是根据日化厂的特点和业务需求进行简要描述的，具体的部门职责还需要根据不同企业的实际情况进行具体制定和执行。

（3）技术管理部门与质量检验部门的合作协调

上面简要介绍了新产品研发、生产工艺流程、优化产品质量的控制方法和技术、质量控制标准等相关规范均是由技术管理部门制订的，产品的生产过程是由生产部实施执行，产品生产过程涉及的各种原辅材料、中间产品和成品的质量管理和检验工作是由质量管理部监督评判的。为了企业长久发展，产品能够开创和持久维持市场销量，获取期望的社会和经济效益，技术管理部与质量检验部必须朝着统一的经营目标，通力合作，密切协调，同时当好运动员和裁判员，彼此相得益彰，圆满履行各自的职责。

第五章

日用化学品的多渠道策划与全成本控制

在之前的“2.1.2 日化品销售渠道的分类”里，提及了近阶段我国日化品的销售渠道主要有5类，计划经济时代曾经实行的按行政区划省市县各级批发、代销的模式已经不存在。现行的5类销售渠道各有利弊，日化企业宜根据自身的发展目标、当前所处的市场环境和位次、主要目标消费群的阶层分布，从中有主有次地选择，多条渠道并行，不能投鼠忌器，偏废遗漏。

5.1 日化品营销渠道

任何商品的营销，都需要依据目标消费群对功效的需求和购买习惯，设定产品的基本定位和营销渠道。中国化妆品的市场细分，以销售渠道的差异，在行业内划分为日化线和专业线。日化线化妆品就是在超市、商场可以买到的产品，较为形象而方便理解的说法就是，只要是打电视广告的，基本都是日化线化妆品，如雅芳、大宝等。专业线主要通过美容院、厂家专营店这个渠道服务于消费者，一般很少面向大众消费者打普及性的电视广告。在日化行业，对于这种定位和渠道，习惯性叫作走“日化线”还是走“专业线”。

5.1.1 日化线与专业线

中国化妆品行业内对于日化线与专业线的划分，早些年一直泾渭分明，日化线与专业线商品从来都是各走各的路，互不相融、互不干涉。之所以出现这种井水不犯河水的现象，是与日化线产品和专业线产品不同的特性相关的。

(1)“日化线”的营销模式

日化线产品，为了满足更广泛的受众，总是尽可能让产品适合更多类型的皮肤，以洗护类为主。因此，也难免会失去针对性。满足基本的保湿、补水是没有问题的，不能奢望它解决某些差异化的肌肤问题。产品结构与体系比较单一，但销售量大，缺乏有针对性的售后服务。它们主要由一些脂类、水、保湿剂和香精香料构成，具有生物活性的功效成分添加量较少，以精细化工合成功效成分为主。

经营日化线商品的厂（商）家，通常的策划流程是，先调研市场上消费者接受什么样的价格，扣除相应的利润和营销费用后确定产品可以投入的原料成本，再来选择原料，所以其原料取材方面受到了一定限制。

走日化线的商品，销售多集中在超市、便利店及批发市场，走商场、超市、专卖店、便利店等大众化的销售渠道，主要依靠广告促销、明星代言、商场铺货、专柜陈列，借助媒体传播广告刺激，通过有效的广告宣传，达到使消费者认同并购买的目的。价格相对较便宜，销售覆盖面广，从业人员的工作内容主要以销售为主。

由于日化线商品从功能上来讲大同小异，同质化倾向严重，所以消费者的选择主要通过厂家巧妙的营销策略来拉动。在这种策略指导下，各日化线品牌的价格战十分普遍。

(2)“专业线”的营销模式

专业线俗称美容院线，专业线化妆品是面向于美容院、美发店、浴足及美容保健店销售使用的日化品，以彩妆、美容、护肤（发）类为主，购买后需要有专业的美容师为消费者提供服务。对人体的护理作用针对性比较强，属于高端消费品，仅为专业人士和小众消费者所熟知，所以专业线的产品价格和利润率比日化线要高一些。

专业线产品属于美容院里的专售商品，技术门槛相对较高，集中在美容院里销售和消费（由专业人员为消费者提供服务），这类产品基本上不靠广告推动，依靠美容院人士的推荐及顾客的试用产生销售显得尤为重要。专业线产品功效相对更全面，有显著的体感改善作用，更注重专业细分，通过专业人士的面诊和特种仪器的鉴定，给顾客提供如何搭配、使用产品，达到最理想效果的最佳方案。

专业线产品的原料成分倾向于自然、安全和有效，重视纯植物萃取概念或是安全、可靠等概念，在原料选取上会更加谨慎和挑剔，产品相对更安全。从基础的保湿补水到具体功效诉求的美白淡斑、祛痘、抗敏、祛红血丝等。

经营专业线商品的厂（商）家，通常的策划流程是先调研市场上大家最迫切想满足的功效是什么，然后由配方工程师初调配方，确定原料（对于专业线而言原料很重要），然后根据成本和合理利润确定市场售价。因为原料成本和研发成本更高，所以通常专业线的产品价格会高于日化线。

经营专业线产品的大企业，其营销模式通常是“渠道经营＋消费者管理”，即：产品结构＋深度分销的渠道秩序控制＋生意顾问＋消费者价值管理。中小企业则是“消费者价值发掘与管理”，针对消费者的某一个需求价值，以产品结构去满足，即靠单一要素的强化来提升盈利能力。

专业线商品的宣传成本投入不大，靠效果和口碑说话，即以口碑营销“客带客”，较为显著的功效作用赢得消费者的青睐。专业线的成本主要用于原料的选择、产品的研发以及测试。这个分支对产品的功能性要求十分严格，因此技术人才、美容人才就很吃香。

（3）日化线与专业线之间的相互渗透、融合

很明显，日化线产品与专业线产品的区别就在于前者功能性不突出，后者则需要有显著的肌肤、机体作用；前者多靠广告来刺激消费者的购买，后者主要以口碑营销和过硬的功能作用赢得消费者的青睐；前者由于价格便宜，销售范围极广，而后者价格较高，消费群体始终有限，但销售费用低，利润空间很大。

日化线与专业线之间的壁垒分明的情况是由于双方的特性所造成的，但这种互不融合的现象在近几年逐渐被打破，一场相互渗透、融合的序幕由此拉开。

日化线生产企业在经历了几十年的残酷竞争后，产品同质化的情况越来越明显，市场竞争导致相互压价进入了低微利润时代，广告大战绞杀使企业遍体鳞伤，名目繁多的终端费用让业主不堪重负，地域间频繁的冲、窜货乱象更是让很多企业难以招架疲于应对，赔本赚吆喝捉襟见肘，不得不把眼光瞄向其他“赛道”。而近邻的专业线产品媒体广告投放少，产品售价高，营销渠道较为单一，自然就吸引了焦头烂额的日化线生产企业改弦易辙。

其实，专业的美容市场也是一个竞争异常激烈的领域，它的竞争烈度一点也不逊色于日化线市场，甚至更加残酷。化妆品市场的高利润、低风险、低投入、低技术壁垒等特点，使无数的小股闲置资本参与进来，这更加剧了这个行

业竞争状况的白热化。根据权威调查的数据显示，专业化妆品市场每年规模近20亿元，其中以美容院为主。整个市场的绝对值足以让不少企业介入，专业化妆品的增长速度每年都在20%以上。专业线的产品在自己特有的顾客群里，也是你争我夺毫不手软，尤其近两年美容连锁日渐盛行，使国内专业线市场发生了质的变化。

但美容连锁对企业的要求非常高，目前能较好操作的企业屈指可数，虽然面对着高利润，也只能是望洋兴叹。而日化行业具备一个广告天下知的特点，流通快、销量大的优点也吸引着专业线企业开始试水，以期捞到跨界红利。

不过从目前的情况看，日化线与专业线的互渗融合，只能说是企业基于市场环境并结合自身状况的一种调整，虽有一些企业开始尝试，并取得了好的开端，但星星之火能否起到燎原之势，情况还不是很明朗，至少从两类企业的现状看，横亘在他们面前的仍有不少障碍。

5.1.2 传统的广告媒体推广

在现代社会，人们生活在广告的包围之中，它无处不在、无时不有。广告不仅是企业普遍重视和广泛应用的一种促销形式，也是常见的促销方式。传统的广告媒体包括广播、电视、报纸、杂志、宣传单（册）、广告牌、建筑物广告、交通工具广告、衣服、人体、运动场、包装袋、气球植入广告、电子邮件、电话促销等。

（1）促销广告

狭义的广告是指经济广告（也叫商业广告），即以广告主的名义，并由其支付一定费用，通过大众传播媒介向公众传递关于商品或劳务信息、劝说其购买的一种促销活动。促销广告，是指直接向消费者推销产品或服务的广告形式。运用各种途径和方式，将产品的质量、性能、特点、给消费者的方便性等进行宣传，唤起消费者的消费欲望，从而达到广告目的。促进品牌产品的销售量是促销广告优先考虑的目的。选择媒体时应考虑的因素：目标顾客的特点，广告产品的特征，媒体的特点（效果、时间、地域、费用）等。

媒体的作用只是做广告宣传推广，吸引消费者。广告对企业的作用是多方面的。但是过分夸大广告的作用也是不可取的，一个企业的商品能否最终获得长期、稳定的销售效果、获得利润，取决于商品本身的质量与信誉。一个企业要在竞争中取得优势，要靠整体营销战略和策略，广告在营销活动中占有重要位置，但它只是营销成功的一个因素，而非全部因素。实际的营销成交还是要依靠经营企业的销售渠道（自有门店或者美容店、超市柜台、业务人员等）把商品转移传递给消费者。

（2）促销广告的要素与特点

① 任何广告都有明确的主体即广告主　发布广告行为的企业被称为“广告主”，它是企业为实现一定的营销目标而向现时或潜在的购买者传递商业信息所进行的活动。

② 广告内容是商品、劳务或观念　企业通过广告所要传递的信息一般主要有：商品信息，即有关商品品牌、特性、质量等方面的信息；劳务信息，即有关劳务种类、方式等信息；观念信息，即信誉、形象等信息。

③ 广告是通过大众传播媒介进行传播　它与人员推销时的人际传播不同，广告是通过大众传播媒体进行的信息沟通，因此，它不以个人而是以群体作为传播对象。

④ 广告需要支付费用　进行广告就要投入费用，这不同于新闻报道，比如广告在制作与发布过程中都需发生制作费用及媒体刊播费用。

⑤ 广告是对特定目标市场的信息传播　广告必须根据企业或商品的目标市场来确定广告对象，传播的范围并非越广越好，时间越长越好，以免造成费用的浪费。这就决定了广告在媒介的选择上，在广告定位分析中，在表现创作中必须符合特定对象的特点及心理特征。正确确定广告对象是以尽可能小的广告支出，获得尽可能大的广告效应。

（3）促销广告的分类

① 按照传播媒介分　根据媒介的不同自然属性，一般分为：a. 印刷品广告，主要包括报纸广告、杂志广告、招贴广告、传单广告、产品目录样本广告、车船、飞机票，会展、参观券、游览券、电话簿广告、画册广告、火车时刻表广告等印刷品。b. 电波广告，主要有电视广告、广播广告、电影植入广告、电子显示大屏幕广告、网络网站、网页植入广告等。c. 交通工具广告，主要是指在公交汽车、火车、轮船、飞机等公共交通工具上进行的广告。d. 珍藏品广告，主要是指以有一定保留价值或赏玩价值的物品为载体的广告，如年历上印的广告，利用一些小工艺品如各种磁卡、IC 卡、有价券卡做成的广告等。e. 户外广告，主要包括路牌广告、霓虹灯广告、牌楼广告、灯箱广告、交通车厢广告、招贴海报广告、旗帜广告、气球广告、墙体印刷（或悬挂）广告、橱窗广告等。f. 邮寄广告，包括邮寄商品目录、商品说明书、宣传小册子、挂历广告以及样本、征订单、订货卡、业务通信明信片广告、信封广告等。

② 按播放或受众的区域划分　可以分为全国性广告和地区性广告。全国

性广告是一般在中央电视台，全国性的广播、报纸、杂志等媒体做的广告；地区性广告是一般在省、市、县电视台，地区性的广播、报纸、杂志、路牌、霓虹灯、墙体等地方做的广告。依此也可将广告分为销售现场广告和非销售现场广告。凡是设置在商业街、购物中心及商店内及周边的广告叫作销售现场广告，主要如橱窗广告、货架陈列广告、商店内的灯箱广告、卡通式广告、展会挂图及立屏广告等。除了销售现场广告以外的一切广告形式都统称为非销售现场广告。

③ 按广告在传播时间上的要求分　可划分为时机性广告、长期性广告和短期性广告。时机性广告包括新产品问世、展销会开幕、价格变动、企业开业等，抓住某些对商品销售有利的时间和机会发布的广告。它要求广告在尽可能短的时间内传达给消费者。长期广告主要包括与企业战略有关的、长时间对某一种商品的广告活动。而短期广告一般指只在短时间内进行播放、刊登或展示的广告。

④ 按广告的表现艺术形式分类　可以分为图片广告、文字广告、表演性广告、演说广告、情节性广告等。图片广告主要包括摄影广告和绘画广告。它以诉诸视觉的写实或创作为形式。从目前看，摄影广告的比重越来越大。一般认为摄影广告写实性和仿真程度优于手绘，而且速度快，有日益发展的趋势。但绘画广告有它自己的魅力和适用性，摄影广告不可能完全取代绘画广告。表演广告是用各种表演艺术形式来达到广告目的。电视广告和销售现场广告较多采用这种形式。演说广告主要指用语言艺术来推销商品，主要有广播广告和销售现场广告。

（4）广告媒体的选择

不同的广告媒体在覆盖面、广告效果、传播速度、制作费用等方面差异很大，表 5-1 列出了不同媒体的表现效果差异。

表 5-1　不同媒体上广告的表现特点

媒体种类	覆盖面	效果	传播速度	寿命	保存价值	信息量	吸引力	制作费用
电视	广	好	快	短	差	少	强	很高
广播	广	一般	快	短	差	少	较差	低
报纸	广	较好	快	较短	好	较多	一般	较高
杂志	较窄	一般	慢	长	好	较多	较强	较高
邮政	很窄	一般	较快	较长	较好	较多	一般	较高
户外	较窄	较好	较快	较长	较好	少	较强	中等
网络	广	多样	较快	短	差	较多	一般	较高

企业在选择媒体时要充分考虑产品的功能和用户所在领域、消费者接触媒体的习惯、媒体的覆盖范围、广告制作费用等因素后再做出选择。一般来说，主要应考虑以下几个方面：

① 产品因素　一般消费品可用视听广告媒体。如果是使用过程中技术性较复杂的精细化学品、助剂、添加剂、检测仪器、机械产品等，应该采用样本广告，较详细地说明产品性能，或用实物演示增加用户的真实感；或者在相关工程技术人员经常翻阅的专业杂志上刊登广告。

② 消费者接触媒体的习惯　家庭及个人用日化产品属于大众消费，适宜在大众喜闻乐见的电视、广播、报纸、杂志、广告牌上做广告；如果产品属于高端享受产品，可以在高级俱乐部的内部杂志、时尚杂志、美容院线群里做精美的“图片＋文字”传播。推销玩具和化妆品等最好的媒体是电视。

③ 销售范围　广告宣传的范围要和商品推销的范围一致，日化产品的广告投放最好集中于目标消费群和计划拓展的目标市场，日化原料则首推在行业的专业杂志上。

④ 广告媒体的知名度和影响力　它包括广告媒体的市场信誉、发行量、发布频率和覆盖地区等。

⑤ 广告主的经济承受能力　如果企业实力强，产品是在全国销售的，可以考虑在中央电视台上做广告，央视广告费用虽然很高，但覆盖面广、效果好、起点高，产品容易打开销路。假如企业实力不够，则应该有针对性地选择在重点销售的区域打广告，或在商场、超市做 POP 广告，打一些路牌广告、霓虹灯广告等，把广告费用花在刀刃上。

（5）广告的定位与策略

广告活动的核心，不在于怎样规划广告，而在于把广告投放在什么“位置”。广告定位就是指在与所宣传产品相类似的众多商品中，寻找到该商品有竞争力的特点和独特个性，在消费者心中树立该商品的一定地位。广告定位包括：①确定广告对象和宣传概念，提炼强调的商品特点，信息传递方法、技巧和具体步骤等；②明确广告区域和宣传力度，针对广告区域的地方性、区域性、全国性、国际性的不同，选择不同广告覆盖方法，如全面覆盖、渐进覆盖或轮番覆盖；③确立广告目标，指在一个特定时期内对特定受众所要达到的宣传效果；④选择广告媒体组合，根据商品和媒体的特性选择投入费用小而宣传效果好的媒体组合。

促销广告策略的运用是既要告知消费者购买商品所能得到的好处，又要给予消费者更多的附加利益，以激发消费者对商品的兴趣，在短时间内收到即效性广告的效果，从而推动商品销售。促销广告策略主要包括：馈赠型、直接型、示范型和集中型。

5.1.3 时尚新媒体平台营销

新媒体正在改变品牌创立的新路径，互联网创造了更多的消费者信息获取点，品牌价值不再独自掌控在某些资本大咖手中，而是由企业与消费者共创，时尚新媒体平台对于日化品营销的综合贡献值超过电视媒体。在广告营销效果评估中，互联网数字媒体已经超过电视，位居第一，综合贡献指数高达72%。92%的广告主相信传统媒体与数字媒体的整（结）合会给品牌发展带来双方共赢（表5-2）。

表5-2 不同媒体广告的综合表现

媒体种类	电视	传统互联网	户外	移动互联网	报纸	杂志	广播	电影	其他
综合贡献占比/%	70	72	49	42	33	28	26	23	5

注：综合贡献值指包括提升品牌知名度、提升/强化品牌形象、提升销量/产品促销、消费者关系维护四个维度。

在大数据环境下，技术和数据正在驱动营销变革，大数据营销将在今后的品牌创立和提升中扮演非常重要的角色。加之搜索引擎成为人们获取信息、解决问题的重要途径，以百度为代表的注重品牌入口建设的大数据平台在未来将成为企业营销的重要助力（表5-3）。

表5-3 广告主优先选择互联网媒体品牌的百分比

媒体品牌	百度	腾讯	优酷	新浪	其他
选择概率/%	53	19	10	7	11

注：百度已成为广告主优先选择的互联网第1品牌。

新媒体营销是指在互联网（包括移动互联网）等新兴媒体平台上，以互动性、个性化、多样化的方式，通过各种传播手段和内容创意，有效地推广产品或服务，提升品牌知名度、用户忠诚度和销售业绩的一种数字营销方式。新媒体营销的特点是面向年轻人群体，具有高度的互动性和时效性，能够实现精准定位和量身定制。

新媒体营销亦称社会化营销、自媒体营销、社交媒体营销、社交媒体整合营销、大众弱关系营销等。其运作平台包括在线社区、博客、百科、短视频、微博、微信、今日头条、百度、搜狐、凤凰、贴吧、UC等媒体开放平台或者其他互联网协作平台；使用到的营销工具包括论坛、短视频、微博、微信、今日头条、博客、SNS 社区、图片和视频，通过发布和传播资讯，形成营销、销售、公共关系处理和客户关系服务维护。其主要特点是发布内容由用户自愿提供（UGC），用户与站点不存在直接的雇佣关系，传播的内容量大且形式多样，每时每刻都处在营销以及与消费者的互动状态，强调内容性与互动技巧；营销者需要对营销过程进行实时监测、分析、总结与管理，需要根据市场与消费者的实时反馈情况调整营销目标等。

新媒体营销的形式主要包括以下几类：

① 社交媒体营销　如微信、微博、抖音等社交媒体平台，通过海报、图文、视频、直播等形式，进行品牌宣传、产品介绍、活动推广等。

② 搜索引擎营销　通过搜索引擎广告投放、SEO（search engine optimization，即搜索引擎优化）等方式，提高企业在搜索结果页的展示效果，吸引更多潜在客户访问。

③ 移动应用营销　将产品或服务与移动应用相结合，利用应用内广告、推送消息等手段，实现个性化的营销推广。

④ 大数据分析营销　通过大数据技术和智能算法，对消费者的行为、偏好、兴趣等数据进行分析和挖掘，为企业提供精准的营销策略。

⑤ 内容营销　通过新媒体营销，企业可以更好地把握消费者需求和市场变化，快速推出符合市场需求的产品或服务，提升品牌价值和用户口碑，从而实现商业价值的最大化。

传统媒体与数字新媒体的整合成为企业广告营销的核心话题，超过半数的企业 CEO 对传统媒体与数字媒体的整合表示期待，各种依托于新的数字媒体和技术的营销平台，如搜索营销、视频营销、微博营销、微信营销、移动互联网营销、RTB 等的涌现，有超过 80%的广告主会在一次典型营销活动中同时使用四种以上的媒体（平台）。RTB（real time bidding）是一种利用第三方技术在数以百万计的网站上针对每一个用户展示行为进行评估以及出价的竞价技术。RTB 旨在规避无效的受众到达，只针对有意义的用户进行购买，与大量购买投放频次的方式不同，实时竞价技术能够更有效地利用广告资源，提高广告效果。

现阶段，较为时尚的营销传播工具有 1688（电子商务网站）、拼多多、主播带货、淘宝、天猫、小红书、抖音、快手、视频号等。下面仅以 1688、小红书、视频号为例做简单介绍。

(1) 1688

阿里巴巴（Alibaba）的电子商务网站1688是全球企业之间电子商务（B2B）的著名品牌，为数千万网商提供海量商机信息和便捷安全的在线交易市场，也是商人们以商会友、真实互动的网络社区平台。

1999年6月，阿里巴巴网站（1688前身）上线；

2002年3月，为从事中国国内贸易的卖家和买家推出“诚信通”服务；

2003年11月，推出通信软件“贸易通”，让买方和卖方通过网络进行实时沟通交流；

2005年3月，推出“关键词竞价”服务；

2007年9月，推出黄金展位服务；

2008年4月，中国交易市场推出“Winport旺铺”服务，为中小企业提供企业建站，帮助中小企业迈开网上生意第一步；

2008年6月，“诚信通个人会员”服务正式上线，帮助企业发展中国国内贸易；

2010年3月，1688正式上线。

1688的电子商务运作模式，简单来说就是提供平台，服务于中小企业，从原料、生产设备到后期销售，物流等，形成一个上下游企业的生态圈。1688的运作模式主要有以下特点：①专做信息流，汇聚大量的市场供求信息；②采用本土化的网站建设方式；③在会员的起步阶段，放低其准入门槛；④通过增值服务为会员提供优越的市场服务；⑤追求成功但适度的市场运作。目前1688.com已覆盖原材料、工业品、服装服饰、家居百货、小商品等16个行业大类，提供从原料采购--生产加工--现货批发等一系列的供应服务。

不同类型的企业入驻1688社区平台，其获利渠道都是两条：获客加卖货；能够开展5大业务：商品定制、批发、跨境销售、国内分销、零售给普通消费者。入驻商家的运营模式主要有4种。

① 批发模式　批发的客户群体包括线上零售商、外贸公司、线下实体店、大公司的采购。

② 零售模式　虽然说是零售，其实依然是厂家性质的，也就是针对厂家直销的。一般会限于以下4种属性的产品零售：厂家属性、样品属性、活动属性、小单属性。很多样品属性的产品，虽然首单是零售试买，但说不定是后备的大客户。

③ 招商模式　也就是“1件代发”以及授权经营。它包括4种类型：淘宝的“1件代发”、其他平台的“1件代发”、线上的授权经营（品牌授权别人开网店）、线下的授权经营。在做招商模式运营的时候，需要根据目标定位的消

费群，制作相应的宣传内容并将它们展示在旺铺以及其他可以展示的地方，才能有针对性地吸引更多的客户与企业合作。

④ 代加工模式　主要包括 3 种：一是贴牌代加工，就是在产品上直接打上客户企业的 logo（某公司或机构的标志，商业标识）；二是定制代加工，包括来图定制，来样定制，或者是按照客户企业的想法，让他们帮忙设计。三是模具代加工。代加工的优点是，一旦合作执行下来，就会是比较长久的合作，而且利润也是比较高的；再就是不需要做原材料和成品库存，原材料可以根据合同随时预定。

企业入驻 1688 网络营销平台，事先需要做好以下前期准备工作：

第一步：绑定支付宝。绑定支付宝时要慎重，因为后期解绑或者换绑过程是非常麻烦的。

第二步：完善公司信息。1688 公司信息是必须完善的，很多商家开了店铺之后，不完善公司信息，直接上产品，后来发现在 1688 市场搜公司名找不到自己的店铺。连公司信息（介绍）都没有，怎么可能有搜索结果呢？

第三步：发布 1688 供应产品。建议首批上线一定是近期主推的产品，这样可以借助阿里的流量扶持和自己的手段获得第一波流量加权，做好产品商品力的布局。

第四步：1688 店铺视觉装修，包括电脑端和移动端两个方面。店铺装修之前，必须有产品，且不要低于 10 个，不然没法布局产品页面。装修完成之后，根据旺铺的优化指标去做，只要不是供应产品不足的这个原因，其他的都可以改善完成。

第五步：1688 店铺的自营销节奏的把控。对于基础店铺的自营销行为，只需要店铺做渠道引新即可，商友要研究每一个营销商品背后的对标人群，这样企业的营销才有针对性。关注阿里巴巴 App 近 7 天登录的情况、千牛回复的速度、店铺交易勋章 3A，只有这些达标之后才能获得流量加权。

迎接可能到来的定制爆单，重点做好三件事：第一，把工厂（商家）名片完善好，工厂资质、产品资质、专利证书、历史获奖证书等能体现工厂实力的内容一定要尽可能地展示出来，这是店铺的门面“背书”，很大程度上决定了买家感不感兴趣，要不要来询盘；第二，匹配好工厂牌级，工厂牌级体系是针对为已入驻找工厂的定制工厂量身打造的商家成长体系，类同于店铺的勋章体系，牌级越高权益越高；第三，做好小单定制，小单定制是获客场景的重点业务，对于市场资源、流量权益上，1688 都设计了非常好的机制，尽早参与进来，就能尽早享受到精准的获客资源。

在1688平台的B2B生意中，商家主要承担“研发、生产、上架、营销、种草、转化、履约、客户管理”等工作，1688提供搜索、推荐、场景匹配等平台资源，并通过AI经营助手帮助商家简单经营、提升效率、增加生意确定性、获得更多客户，实现生意增长，沉淀客户资源。

定制生意的跟单人员，一定要是懂产品、懂工厂生产环节、懂业务的人，B端生意的最大类型是加工定制。1688店铺的生意逻辑是：对经营的商品，先研发，成型后即生产；对于新顾客，先上架→营销→种草→转化成为老顾客；对于老顾客，做好持续管理→营销→保障服务赢得多次复购。

（2）小红书

每一个平台都有其特性，只有熟练掌握平台特性才能在这片领域有所成就。

小红书是一家社交电商平台，其运营模式是将社交和电商相结合，以年轻女性用户为目标群体，提供个性化、多元化的购物与生活场景内容。小红书的商业模式是将广告收入和电商收入相结合，同时其积极把握年轻女性用户特点，与个性化服务、精细运营、保护用户隐私和其他经营策略相结合，打造成一个一体化的电商和内容服务平台，已经成为年轻女性用户必备的生活服务和购物平台，在电商和社交电商行业中享有极高的声誉。

① 用户特点　小红书的目标用户是年轻女性，主要集中在18～30岁之间，具有高学历、高消费水平、时尚感强和自我认同感强等特点。根据小红书官方提供的数据，截至2021年6月，其用户规模已经超过4000万，其中80%以上的用户为女性。这样的用户特点决定了小红书在营销和内容方面必须非常注重个性化。

② 商业模式　小红书商业模式主要分为广告收入和电商收入两块。

小红书通过线上广告、品牌合作（如品牌推广、媒体宣传）等方式获取广告收入，通过分析用户行为数据，不断优化广告内容，使得广告更加个性化、契合用户兴趣爱好，提高广告的效果和曝光率，吸引更多品牌合作。

小红书也拥有自己的电商平台，用户通过直播、网店以及其他形式买卖商品。页面上的小店是小红书提供的自营电商渠道，主要通过线上销售授权品牌商品的方式实现收益。在小红书私信和帖子里的商品链接可直接加入购物车，实现一站式购物体验，小红书还通过筛选商品的品牌，来保障消费者购买的商品质量和信誉。

③ 内容生态　小红书以“服务好每位用户，为每个女生打造专属生活指南”为宗旨，通过内容引导和内容推广，打造一个丰富的内容生态圈。

通过兴趣社区切入用户，建立众多的标签，便于将用户和标签匹配。根据用户对标签的关注、点赞记录推送更精准的内容。小红书社区内的分享量很大，一些用户分享的内容可以在社区内获得海量的关注和点赞，产生非常大的影响力。同时，小红书还很注重社区内容的质量，通过专业审核，确保社区内容的质量和用户体验。

小红书也以与自媒体合作的商业模式，提供多种打赏方式，允许用户给自己喜欢的达人赞赏，达到用户和自媒体的双赢。小红书还开展了会员商业模式——“红人店主计划”，将社区重度用户培育为品牌联合代表，实现品牌和用户的意识形态、经济价值的共享。

④ 经营策略　小红书致力于打造一个个性化服务的社交平台，通过数据输入、算法分析等手段，对用户进行画像分析，并根据用户的需求和偏好来推荐内容，使得广告和商品推送变得更加有价值、有针对性，提高了用户的满意度和广告的投资回报。

小红书通过快速迭代，持续推进产品升级，在用户和各媒体平台中宣传，力求提高平台能力和用户知名度，逐步形成专业的内部运营体系，负责平台运营、内容审核等管理监控工作。

为了保护用户隐私，小红书采取了多重机制来加强用户信息的安全保障。例如，一些用户敏感信息需要经过审核才能发布；小红书还提供了密文私信等功能，使用户对自己的信息非常有保障，在一定程度上提高了用户的使用安全感。

在小红书上，不是只能做“品牌宣传”，也能直接卖货。做品牌宣传需要在小红书 APP 上开店（画面左下方的“店铺”）；直接卖货是在 APP 画面的最左下方挂上链接“购买同款”，在小红书 APP 上发笔记，然后维护评论和笔记，告诉用户去哪里买，指引用户在淘宝上搜索下单。

小红书的利润结算分成（或者叫酬金）方式，写内容人的收益是工资加提成。如果某个产品是某个人负责写的，那么这个产品所有的销售额都是这个写内容人的业绩。

做抖音和小红书营销，亏钱的可能性相当大。抖音亏钱的支出项目是主播的工资（酬金）和平台广告费，主要原因是其平台规则变化太频繁。小红书也会亏，但能够积累经验，它是与电商相结合的，营销者可以借助小红书“种草”——培养自己的“撰稿人”，在淘宝店成交实现销售盈利。推荐“种草”的正确做法是，公司自建“写手”团队，创作自己的优质内容，再在“蒲公英”平台上找人代发。后续根据营销（促销数据）表现，确定是否继续投广告或者“pass”。公司按照团队的形式进行管理，团队有4个梯度（阶层），经理、主管、组长、组员。一个组长管一个组员，一个主管管理5～10个组长，一个经理管理5名主管。这样下来，一名经理手下就有约100人的团队。老板只需要管理好经理层级人员。

小红书官方筛选的合作品牌需要经过审核，判断其是否满足小红书的平台标准。可以通过一定的方法提高被推送的概率，例如：a. 话题紧跟当下热门，内容优质，用户反馈较好。b. 有效利用新人流量扶持机制，尽管小红书的推荐机制是一视同仁，走的是“雨露均沾”策略，但是为了让新人更快地融入社区，新人是有流量扶持的。c. 拍摄小视频会有更好的效果，直接通过小红书App拍摄发布视频，时长仅为60s，但可以上传最长为5min的视频。立体的形象更容易产生“吸粉”效果（小红书不是一个完全的知识社区，文字能表现的东西很有限，现在是短视频红利时代，在小红书上发送小视频笔记也可以加分，尤其是优质的小视频）。d. 小红书页面上小眼睛的数字是用户点击量，是用户点击的次数而不是曝光量。一般来说，点击量越大也意味着曝光量越大。e. 多参加话题活动，可以助力账号升级。在每一篇笔记发布时，在笔记发布页下方，有一个“参与话题”选项，你可以选择话题选择页上的相应话题，也可以自己建立新的话题。小红书也会不定期地推出一些活动，参加官方推广的话题活动可以助力账号升级。

（3）视频号

随着移动互联网的快速发展，短视频平台也已成为人们获取信息、消费内容、社交互动的重要渠道。视频号是一种新型的社交媒体平台，许多用户已经开始利用这个平台进行内容创作、宣传展示自我、个人品牌推广、产品营销。

在进行视频号运营之前，首先需要明确目标受众是谁，视频号的定位是什么。只有明确了目标受众才能更好地进行内容创作，才能更好地吸引用户关注。还需要明确视频号的主题和风格，这样才能更好地抓住受众的心。

视频号运营的具体方法：

① 内容策划　内容策划就是策划短视频内容，准备选题及拍摄制作等相关工作，也是短视频运营人员的工作重心所在，花费的时间和精力最多。

优质内容是视频号运营的核心，需要针对目标受众进行高质量的内容创作，包括文案、图片、视频等多种形式。这个过程包括深入调研、精心制作以及高质量呈现。

在开始运营之前，首先根据自己擅长的领域，例如美妆、旅游、健身、美食等，确定小视频的内容主题，更有针对性地制作出吸引目标受众的视频，习称“内容为王”。

好的内容是吸引用户的根本，但好的内容不一定意味着高投入，而是需要结合受众需求，策划出符合受众喜好的内容。其形式可以丰富多样，比如搞笑、情感、教程、科普等，契合受众的兴趣所在。

拍摄视频时要注意清晰度，尽量使用高清摄像设备，拍摄时保持画面稳定，提高视频质量。事后编辑也是至关重要的一步，可以学习诸如切换角度、添加背景音乐、增加字幕等剪辑技巧，提高视频的观赏性。

视频号的内容需要频繁更新，只有持续更新才能吸引用户持久的注意力，维持用户活跃度，增加曝光率。可以通过制订和发布新内容计划做预告，适时调整内容发布的周期和频率，间或带给受众惊喜感，让用户了解你的内容规律，并期待观赏新的视频。

在视频号上，热门话题和挑战非常受欢迎。跟随热门话题和挑战制作相关的内容，可以吸引更多的用户关注和参与。

② 用户运营　也是短视频运营人员的又一工作重点。广义来说，围绕用户展开的人工干预都可以被称为用户运营。用户运营的核心目标主要包括拉新、留存、促活、转化 4 部分。所有用户运营手段、方法都围绕这 4 个核心目标展开。

用户运营就是长期坚持维护好与用户之间的关系，可以通过回复评论、私信互动、用户调研等方式来增加用户的黏性和忠诚度。

③ 渠道推广　视频号运营可以通过合作推广来提高曝光度和关注度，可以与其他视频号、自媒体、品牌合作进行内容合作、互推互粉，也可以通过线下活动来进行用户推广。

视频号运营的推广渠道分为四类，分别是在线视频、资讯客户端、短视频渠道、社交平台。在选择渠道的时候，需要考虑各种渠道的用户群构成，综合节目定位及推广目的，选择在合适的渠道上上传视频。

新的视频号刚开始运营时，合作是一个快速增加曝光和粉丝的方法，可以寻找某些与你内容相关的品牌或其他创作者进行合作，相互推广。

互动是视频号运营的另一个重要环节，参加一些线下活动，以增加视频号和用户之间的互动，例如开展话题讨论、抽奖、直播互动等多种形式的互动，增加受众的参与度，拉近与受众之间的距离，增加用户的黏性，扩大影响力。与粉丝的互动（如回应评论、私信和留言）是建立忠实粉丝群体的重要方法，表达你对粉丝的关注和感谢。可以预先设置一些互动话题，让粉丝提前准备，提高用户参与感。

④ 数据分析　视频号运营需要及时对效果进行跟踪分析，视频号平台提供了丰富的数据分析工具，可以帮助了解观众的喜好和行为习惯。运营者可以根据数据分析结果调整内容策略，提高内容触达率和用户参与度。对视频号的运营做数据分析不仅可以发现账号问题，比如当遇到某个视频播放量急剧下滑时，可以通过数据分析查出原因，以便创作者及时做出相应的调整；还可以对运营策略进行指导，比如对竞争对手账号进行细致分析后，有针对性地对自己的内容做优化，使得做出的内容更能迎合受众的喜爱，获得更多的流量。在做数据分析时，应重点关注观看时长、留存率、点赞和评论等指标。

⑤ 视频号运营如何变现（取酬）　视频号运营变现有以下几种方式。

a. 广告变现，通过加入视频号的广告分成计划来获取广告收入。当粉丝量达到 10 万左右，就可以承接广告，目前一条广告的报价在 10000 元左右。

b. 知识变现，开通付费订阅功能，通过分享专业知识、销售课程或者帮别人分销课程、提供某些服务项目赚钱。

c. 直播变现，当短视频积累到一定量的粉丝后，可以通过短视频植入直播带货卖货（带自己的产品甚至可以“一件代发”）。此外，一些品牌可能会委托进行合作推广，这也是一种变现的方式。

d. 平台补贴，这个非常适合新手兼职副业去做，发布的视频只要有播放量，就会有收益。

5.2 日化品营销渠道的适配协调

从事日化品营销，目前能够维持赚钱的模式是代工、跨境营销、研发三驾齐驱。做得好的话，代工的毛利率约为 30%，实际纯利约 15%；OEM 单的最大来源渠道是天猫、淘宝、拼多多，主要产品类别是洗护产品和宠物用品。与国外的品牌合作，加工生产做跨境营销，有时能够达到团队业务量的 30%，利润可达 50%。研发方面，主要形式是与科研院所合作——“产学研合作”，联合列题进行新产品开发，共同指导研究生做课题，学生有切合市场实际的研究项目，能够产出实用性强的论文，工厂则能够获得新产品配方，支撑后续市场开发。一定要避免误入“利润被欠款拖没了，品质被低价打没了，创新被抄袭抄没了，公司被‘飞检’查没了”的歧途。

开展跨境营销的业务，主要平台是亚马逊、Shein（希音）、速卖通、

OZON、虾皮、TikTok、独立站点，还有一个Temu。亚马逊可以“一键卖全球”，但需要“入仓”。商品卖价由国内商家自己定，需要自己做推广运营。Shein（希音）和Temu是全托管模式，底价卖给平台，产品后续卖多少钱，由平台决定；商家不用运营，也不用投入推广费用。但这两个平台对供应链的要求比较高，不适合做品牌路线。

开展跨境营销的业务，有一种“铺货”模式，在1688采购进货，在亚马逊开店销售，也即“转卖”赚取差价。还有一种是“精品”模式，产品都是原创设计，销售的周期长，货款回笼期约为4个月。

5.2.1 依据品牌、定位，确定营销主渠道

在前面的第二章里说过，品牌定位的核心是：如何战胜竞争对手而非做得更好；追求与众不同，把握住市场机会而不是利用经验；贯穿于企业经营的整个价值链，坚持长久一致的经营方向。因此，企业首先必须依据自己的品牌定位确定主渠道。

（1）六大商业模式

商业营销的本质是通过创造和提供价值，与用户实现价值交换而获利。最底层的价值交换是用体力和时间取得酬劳，顶层的价值交换是以权力和资源的形式来实现，一般民众只能通过奉献脑力或技能做交换。企业老板通过付出高成本投入，创新生产商品，通过卖自己的东西创造价值而赚钱；商业营销者则借助信息资源，抓住商业机会，为企业和用户搭桥，卖别人的东西实现商品的价值而获利。

实现商品的价值必须厘清4个商业要素：①营销的商品能够给客户提供什么价值？②销售的目标客户（对象）在哪里（是谁）？③相对于已有商品（竞品）的核心竞争力是什么？④如何获得预期的利润？这些属于商业模式需要明确的问题。

现阶段，我国市场上存在，六大商业模式，见表5-4。

表5-4 市场上的六大商业模式比较

模式分类	说明	盈利逻辑	举例
互联网	将产品或服务免费提供给用户，养成习惯与依赖，通过其他方式获取收入如广告，付费增值服务等	免费（增值服务）	小红书 抖音
直销	通过销售员推广产品或服务，鼓励销售员发展更多下线销售员，形成销售网络和利润	裂变	安利

续表

模式分类	说明	盈利逻辑	举例
连锁	通过开设连锁店或分支机构，将成功的商业模式在不同地区进行复制和推广，从而扩大市场份额	复制	星巴克 蜜雪冰城
产业链	控制产业链上的多个环节或关键资源，形成垄断地位，从而控制市场价格和供应，获得巨大利润	垄断	工业制造 汽车业
资本	利用资本进行投资和扩张，通过规模效应和杠杆作用加速企业的成长和收益	放大	上市 并购
金融	利用金融政策和金融工具产品，通过借款、融资和投资来放大资本效应，提高投资回报	杠杆	银行

判断一个商业模式的好与坏，在于是否降低了整个交易结构的交易成本，就是由消费者、商家、销售者、平台等组成的产品交易各个环节要素的连接成本，即通过信息流、资金流、物流的组合形态的创新，带给消费者获益、商家对客户价值的沉淀以及销售者抽成+平台信息费。好的商业模式，归根结底是降低了总体交易成本，带来了效率的提升和成本的下降。懂得如何在商业模式上创新，创业者就有机会做得比别人更好，从而占领更大的市场份额。

(2) 产品、渠道、营销

作为一般民众（企业老板或商业营销者），只能参与到上述前4种商业模式中进行产品的营销。在这里，产品是解决下游客户问题的载体，营销服务是帮助企业实现战略目标的手段。企业通过产品和服务实现社会价值，为客户创造价值而存在。

产品营销活动就是为客户创造价值、传递价值、交付价值。所谓“营”就是“让产品好卖”，所谓“营销”就是“把产品卖好”。做好产品营销的三要素是产品、渠道和营销。产品力来源于准确定位目标客户群、准确把握客户痛点、准确构建竞争优势；渠道的核心内容是理解市场、盈利计划、上市计划。通过理解市场，基于市场分析和客户需求进行产品开发，做好“营”的准备；通过盈利分析，以业务盈利计划为目标，做好“销”的准备。

① 产品　产品是商业模式的核心，一切商业的出发点都立足于用户获益，一个好的产品所能带来的价值是用户获益的基础。创新一个好产品，往往需要“工匠”精神，具备死磕产品功效质量的精神才能诞生好的产品，“好品质才能创造出好产品”。每个著名的公司，都有其标杆性的优质产品，比如苹果公司的iPhone消费类电子产品、茅台集团的飞天茅台酒、华为公司的通信设备

（和解决方案）等，各行各业都有其独树一帜的优秀产品。

② 渠道　有了好的产品，如何多快好省地传递给用户，就是营销渠道需要解决的问题。

尽管渠道只是销售产品的地方（途径），建设顺畅也绝非一日之功。但一旦形成规模优势，甚至能够凌驾于产品之上，尤其是对一些不那么稀缺或同质化严重的商品。比如，专业从事家电产品销售的国美和苏宁这些线下卖场就是家电商品的销售渠道。

在城乡街道路边开设实体商店和在 Internet 网上开设电商店铺，都是构建销售渠道。近几年一直如日中天的线上渠道——京东和天猫，足以让我们见识渠道的魅力，某些渠道一旦建设维持好了，同样具备核心竞争力和持久性，竞争者想“动其奶酪”都不是那么容易。

还有前面提及的无需开店的主播带货、小红书、抖音、快手、视频号等线上直播卖货，从某种程度而言，一个大主播就相当于一个渠道。这些大主播借助其触达用户的能力，甚至还能左右商品的定价权，其团队的出货能力顶得上无数的小渠道，可以视他们为超级渠道。

③ 营销　有了好的产品，渠道也建好或参与进入了，货品销售的闭环流程就只欠最后一股东风——营销。

营销是销售的放大器，其目的在于让更多的用户知晓我们的商品，激起客户的购买需求和欲望。所谓营销，就是在用户心目中建立更好的品牌形象，吸引用户，促进用户忠诚、持续地购买。营销的放大作用需要从多维度去支撑，包括品牌的策划定位、新产品的开发及产品效能改进、生产过程的品控管理、全成本控制、售后服务与持续维护等。

（3）确定营销主渠道的四个基石

在当今竞争激烈的市场中，企业要想取得成功，必须进行有效推广。推广渠道的选择对于企业的发展至关重要。推广渠道的选择与多方面因素有关，要与产品特性、目标受众、预算、商业合作及竞争对手等多方面因素密切关联，务必要基于商品的品牌定位、基于终端客户、基于商业伙伴、基于价值网络。

① 推广渠道的选择与产品定位密切相关。不同品类的产品，适合推广的渠道也不尽相同。比如，适宜大众消费的日化品应通过电视、广播等传统媒体进行推广，高端、特效的日化品则适合走专业线的渠道进行推广。

② 目标消费群接触传媒和购买消费习惯也是选择营销渠道的重要因素。不同的受众群体有不同的媒体偏好和购买习惯。比如，针对年轻人的时尚产品

更适合在网络社交媒体平台上进行推广；针对中老年人的产品则更适合在电视、报纸等传统媒体和实体商店进行销售。

③ 不同的营销渠道所需投入的资金是大不相同的，某些渠道需要较大的资金持续支持，另一些可能相对较为经济实惠。营销渠道的选择同样需要考虑营销网络渠道价值（预算）的回报。即使有风险投资公司看中，企业也要根据自身的经营计划和目标以及与风险投资公司的协作合同，选定适合的营销渠道，确保投入产出最大化。

④ 商业伙伴，特别是竞争对手的情况也会影响营销渠道的选择。如果竞争对手在某个渠道上已经进行了大量的推广活动，那么本企业可能需要避其锋芒，选择其他的推广渠道，避免直接同台打擂。进一步来说，应通过了解竞争对手的营销策略，选择更加有效的渠道，获取差别化的竞争优势。

综上所述，企业在选择营销主渠道时，需要全面考虑这些因素，选取最适合的渠道策略，提升推广效果，实现企业近期以及中长期的发展目标。

（4）开发渠道营销商

高效开发渠道营销商是营销人员的核心和重点工作，渠道商开发的关键不是其营销人员的业务能力，而是其整体管理体系的执行力，能够将营销规范不打折扣地执行到位。

渠道体系开发管理的三要素：①渠道整体规划有标准，包括渠道布局、渠道商选择、渠道商的营销目标；②有一套与规范标准相适应的渠道开发步骤，核心是用可控的过程实现不可控的结果，规范管理关键渠道开发的过程节点以提高渠道开发的成功率；③在渠道开发管理上不打折扣，重点抓过程节点、抓开发结果的绩效考核。

渠道营销商的开发，一般从“人、财、车、库、网、服”6个维度来评判和选择营销商：“人”是指营销商的状态、理念、销售服务团队配置；“财”是指营销商的资金实力和投入；“车”是指营销商的物流配送车辆、宣传推广车辆；“库”是指存放商品的仓库；“网”是指其基层分销网络或门店数量及质量；“服”是指专业技术服务维系客户的能力。

渠道营销商的高效开发，关键在于建立选择标准，由市场部或渠道管理部、销售管理人员按照标准对候选营销商进行评估，审核把关，确保渠道营销商的质量与本公司的各项要求相匹配，与公司共赢发展。

5.2.2 根据时势选择辅助渠道

根据时势选择辅助渠道是企业实现可持续发展的重要手段。企业需要密切关注市场环境的变化，灵活选择和调整渠道策略，以适应市场需求和竞争态势的变化。同时，企业还需要注重技术革新、政策环境、竞争态势以及企业文化和品牌形象等因素的综合考量，以实现最佳的市场表现和经济效益。

在当今多变的市场环境中，企业必须具备灵活应变的能力。选择合适的辅助渠道，不仅可以帮助企业更好地适应市场变化，还能提升企业的竞争力。例如，随着互联网技术的发展，电子商务平台成了许多企业不可或缺的销售渠道。企业可以通过建立自己的在线商城，或者利用第三方电商平台，如淘宝、京东等，来拓宽销售渠道，增加产品的市场覆盖率。

此外，社交媒体的兴起也为企业的营销提供了新的途径。通过微博、微信、抖音等社交平台，企业可以更直接地与消费者互动，了解消费者的需求和反馈，从而快速调整市场策略。同时，这些平台上的数据分析工具还能帮助企业精准定位目标客户群，提高营销效率。

在选择辅助渠道时，企业还应考虑自身的资源和能力。例如，对于初创企业来说，可能需要更多地依赖低成本的网络营销手段，而对于拥有一定市场基础的企业，则可以考虑结合线上线下渠道，打造全渠道营销体系。

总之，企业应根据自身的实际情况和市场趋势，灵活选择和调整辅助渠道，以实现最佳的市场表现。当然，若要继续深入探讨根据时势选择辅助渠道的重要性，我们可以从几个关键维度来进一步分析。

首先，技术革新是驱动渠道选择变化的重要因素。随着人工智能、大数据、物联网等技术的不断成熟，企业可以利用这些先进技术来优化渠道运营。例如，通过AI算法分析消费者行为，企业可以预测市场需求，定制化推送产品和服务，从而提升客户满意度和忠诚度。同时，物联网技术的应用也使得企业能够更高效地管理供应链，确保产品从生产到销售的每一个环节都能顺畅进行。

其次，政策环境也是企业在选择辅助渠道时必须考虑的因素之一。不同国家和地区对于电子商务、社交媒体等新型营销渠道的监管政策各不相同。企业需要密切关注政策动态，确保自己的营销活动符合当地法律法规，避免因违规操作而带来的法律风险和损失。

另外，竞争态势也是影响渠道选择的关键因素。在激烈的市场竞争中，企业需要密切关注竞争对手的动态，了解他们的渠道布局和营销策略，以便及时调整自己的渠道策略，保持竞争优势。同时，企业还可以通过与竞争对手的合作，共同开拓新的市场领域，实现互利共赢。

最后，企业文化和品牌形象也是企业在选择辅助渠道时需要考虑的因素。企业的文化和品牌形象是其核心竞争力的重要组成部分，而渠道则是传递这些元素的重要途径。因此，在选择辅助渠道时，企业需要确保这些渠道能够准确地传达企业的文化和品牌形象，增强消费者对品牌的认知和认同。

全渠道新时代已经到来，据普华永道发布的《2022 年全球消费者洞察脉搏调查》报告显示，81%的受调人表示他们在过去 6 个月内会在至少 3～4 个渠道上购物。绝大多数的消费者会依照他们的需求，在购物过程中反复在线上线下切换。这就使得品牌扩展其销售渠道的多样性成为一种必然。然而，随着消费者购买历程的碎片化，如何减少不同渠道间的摩擦力并持续为消费者提供新鲜的体验成为新命题。因此，“线上线下共融”的趋势正在重塑日化品营销的美好未来。

就营销渠道而言，每个公司的主渠道相对来说是需要维持稳定的，是商场专柜、超市或者大型卖场、连锁专营店、美容店或者药店、网店 5 类销售渠道里的一种或某几种（按行政地域的分级批发、经销模式也偶有采用），给营销商和终端消费群以良好的品牌形象和持久复购的信心。但遇到市场大局政策和消费时尚的变化时，也需要与时俱进，做好渠道的梳理，选择辅助渠道做补充调整，提升整体渠道的营销业绩。

所谓“渠道梳理”，就是依据现有各渠道对品类销售的规模和贡献率做分析，厘清本企业产（商）品在其上的客情和动销情况，研究比较各渠道的发展趋势和潜力，对渠道进行分类。明确本企业的核心渠道和重点渠道，明确哪些是未来将会兴起的渠道以及本企业待开发的渠道，分析明确独立渠道、专项渠道和辅助渠道。在此基础上做出渠道的线上和线下布局策略，区别对待以销售贡献为主或者以传播品牌为主的渠道，坚守本行业必做的渠道，思考有无必要进入尚未涉足的“新兴渠道”。对于各个渠道，考虑修订不同的约束和激励政策：重新签订客户年度营销合同、制订渠道营销目标、调整营销价格优惠和返利策略、强化对渠道的赋能措施（包括市场活动推广支持、广告投入和人员技能培训、人员动销活动奖励等）。

辅助渠道的选择方式通常有三种：按照新品类商品的差别做渠道拓展、渠道裂变密植、市场渠道拆分。

（1）不同类型渠道的拓展

每个企业在营销活动中，都特别注意根据市场和消费者对商品功效的新需求而不断完善和开发新产品。如果新产品相对于既往产品在性能和使用方面有很大的提高或不同，或者可以被看作另一种新的品类，这时，仅仅依靠原有的主渠道的延长或者短期激励策略，可能会不适宜拓展新用户，或者需要引进新的营销方式做促销。这时，拓展不同类型的营销渠道就成为一种必然和必要。

不同类型的渠道营销是一种综合性的市场营销策略，旨在通过多种渠道和媒体与目标客户建立联系、互动和交流，以提供一致、个性化且无缝的购物体验。这种策略包括线上和线下渠道，如社交媒体、电子商务网站、实体店铺、手机应用等，使企业能够在不同平台上与消费者互动，满足他们在购物旅程中的需求，促进销售、增强客户忠诚度，并优化品牌知名度。

通过多渠道营销，企业能够更好地满足客户的偏好和需求，为他们在购物的各个阶段提供便捷而个性化的体验。有研究显示，客户对于采用全渠道营销策略的购物频次高出 1.7 倍，全渠道营销还有助于建立更密切的潜在客户和现有客户关系，不仅实现业务增长，还将提高客户满意度，让品牌在市场中绽放光彩。

全渠道营销强调信息和购物的无缝流动，使客户能够在各种渠道之间自由切换，从而提高品牌的可见性和市场竞争力。全渠道营销可以降低获取客户数据的成本，获取有价值的客户洞察力。这种方法的核心在于以客户为中心，深入了解他们的行为和偏好，以便提供更加有针对性的营销策略，从而实现更高的销售和客户满意度。

通过在不同的渠道和平台上展示产品和服务，企业可以接触到不同的客户群体，能够更好地满足客户需求，还提供了与客户建立更紧密联系的机会并识别新的市场机会。吸引新的多样化的市场细分，可以帮助企业扩大客户基础，减轻对单一市场的依赖，提高竞争力和销售额。全渠道营销的好处是可以帮助企业收集来自多个渠道的客户数据，整合和分析这些数据，有助于降低获取客户数据的成本，能够更好地理解客户行为和需求。获取有价值的客户洞察力，包括他们的购买习惯、偏好、兴趣和忠诚度，可用于精确定位目标市场，优化产品和服务，以及制定更有效的营销策略，从而提高客户满意度和忠诚度。

（2）裂变密植

提高渠道经销商的效率，可以通过渠道的裂变密植来促进公司业绩的高速增长和可持续发展。

对渠道进行裂变密植，首先要建立渠道布局的标准。具体包含：确定各细分市场经销商的布局级别，多大的容量市场可以布局一个经销商，这些都需要依据企业自身定位、竞争对手、行业龙头企业的市场占有率、各细分市场未来 3～5 年市场占有率目标等。

裂变营销以加强传统的终端促销为基础，整合关系营销，数据库营销和会务营销等新的方法和理念。这种裂变模式的核心内容是，开拓市场的过程要精耕细作，全力以赴进行单点突破，不要全面摊开，急速发展。

裂变首先是需要以一个（或几个）点为基础，成功地突破了一个（或几个）点以后，再进入严格的复制阶段，由一个成功的点复制出另一个点，两个点再裂变为四个……以此类推，先慢后快，逐步推进，从而最终步步为营，快速高效地全面启动整个区域市场。要求点上突破的操作方法必须符合操作性强、适应面广、简单、易学、易教、易复制的特点。“裂变六步曲”包括：①选点和建点；②会务营销（科普讲座）；③流动宣销活动；④终端制胜；⑤建立统一战线；⑥准确完整地复制。

“裂变六步曲”环环相扣，相辅相成；以点带面，层层递进；最终面面俱到，实现区域营销的全面胜利。这种裂变模式对于日化专业线企业推行密集性增长的市场开发和渗透战略而言，不失为一条可借鉴的好模式。

（3）市场拆分

上述市场渠道裂变密植由于担心影响老客户，怕把市场搞乱，销售人员不愿拆、不敢拆，往往销售人员开发目标也定了，就是迟迟不行动，渠道拆分难，增加网点难，制约企业销量的持续增长。

针对以上情况，就需要对整个市场做拆分。做市场拆分有 3 种方式。

① 拆区域，将一个区域拆分成多个区域，由一个区域变成多个小片区，分别由不同的经销商经营，这里一定要给老经销商保留其核心区域。

② 拆品牌，将公司的多个品牌进行拆分，让各个经销商只经营一个品牌，由一户经营变成多户经营，这时一定要给老经销商保留主销品牌。

③ 拆产品，将产品按品类进行拆分，各个经销商只经营二到三个品类，由一户经营变成多户经营，这里核心要给老经销商保留核心产品。

进行市场拆分时，必须要注意到管理的协同和利益的协同，即同一市场里新老经销商要进行严格的市场价格、政策、秩序统一管理，特别是要管控好下面的主要基层商，不允许基层商在多个经销商处拿货；开发的新经销商销量给予同一市场区域的老经销商一定返利奖励，靠利益协同实现多户经营，必须保障渠道商的利益，增加经销商数量和市场销量，确保市场健康稳定发展。拆分增加营销网点密度的好处是在市场形成鲇鱼效应，增加老经销商的压力。

5.2.3 主辅渠道的适配协调

随着技术的快速发展和消费者需求的多样化，企业必须确保其销售主渠道与辅助渠道之间能够无缝对接，提供一致的用户体验。这不仅涉及线上线下的整合，还包括供应链管理、客户服务、市场营销等多个方面的协同工作。主辅渠道的适配协调是现代企业成功的关键。通过建立统一的客户信息数据库、投资于先进技术、加强员工培训以及维护良好的合作伙伴关系，企业能够确保其销售渠道和辅助渠道之间实现无缝对接，从而在竞争激烈的市场中脱颖而出。

首先，企业需要建立一个统一的客户信息数据库，确保无论客户通过哪个渠道与企业互动，都能获得个性化和连贯的服务。例如，当客户在线上商店浏览商品后，线下实体店能够根据其浏览记录推荐相关产品，反之亦然。这种无缝的跨渠道体验能够显著提升客户满意度和忠诚度。

其次，为了实现主辅渠道的适配协调，企业还应借鉴和投资先进的技术解决方案，比如云计算和大数据分析。通过这些技术，企业能够实时分析市场趋势和消费者行为，从而快速调整其销售策略和库存管理，确保产品和服务能够及时满足市场需求。

此外，员工培训也是实现渠道协调的重要保障。企业需要确保其员工不仅熟悉各自负责的渠道，还能够理解其他渠道的功能和优势。这样，员工在与客户互动时，能够提供全面、专业的信息和服务，提升客户的购物体验。

最后，企业还应重视与合作伙伴的关系建设，包括供应商、分销商和其他商业伙伴。通过建立稳固的合作关系，企业可以确保其产品和服务能够高效、顺畅地通过各个渠道传递给最终用户，同时也能及时获得市场反馈，持续优化其渠道策略。

在深入实践主辅渠道适配协调的过程中，企业还需关注以下几个方面，以进　步提升其竞争优势和市场响应能力。

（1）灵活的渠道策略调整

市场环境瞬息万变，消费者偏好也在不断演进。企业须具备敏锐的市场洞察力，根据市场反馈和数据分析结果，灵活调整其渠道策略。例如，当发现线上渠道流量激增时，可以加大线上营销投入，同时优化线下门店布局，使其成为体验中心或快速配送点，以支持线上业务的发展。

（2）创新的客户服务模式

客户服务是提升品牌形象和忠诚度的重要手段。企业应利用人工智能技术，如聊天机器人、智能客服系统等，实现24小时不间断的客户服务。同时，通过跨渠道客户服务平台，确保客户在不同渠道间的咨询和投诉能够得到统一、高效的处理。此外，个性化服务也是提升客户满意度的关键，企业可以通过分析客户数据，为客户提供定制化的产品推荐和服务方案。

（3）强化数据驱动决策

数据是企业决策的重要依据。企业应建立完善的数据收集、处理和分析体系，通过大数据分析技术，深入挖掘市场趋势、消费者行为和产品性能等多方面的信息。基于这些数据，企业可以制定更加精准的市场营销策略、优化产品设计和生产流程、提升供应链效率等，从而实现业务增长和成本精细化管控。

（4）促进渠道间的良性竞争与合作

主辅渠道之间既存在竞争关系，也存在合作关系。企业应通过合理的渠道布局和激励机制，促进各渠道之间的良性竞争与合作。例如，可以设定明确的业绩目标和奖励机制，激发各渠道的积极性和创造力；同时，通过定期的沟通和协作会议，分享成功经验、解决合作中的问题，形成合力共同推动企业发展。

（5）关注新兴渠道的发展

随着科技的进步和消费者需求的变化，新兴渠道不断涌现。企业应保持敏锐的市场嗅觉，关注新兴渠道的发展趋势和潜力。对于具有发展潜力的新兴渠道，企业应及时进行评估和试点，探索适合自身业务发展的新模式和新路径。同时，也要注重对传统渠道的升级和改造，确保企业在全渠道布局中保持竞争优势。

客户满意度和忠诚度对于长期成功至关重要，企业需制定稳健的客户获取和留存策略，以扩大客户群并最大化终身价值。尝试不同的营销渠道、消息传递和定价策略，以有效地接触和吸引目标受众并鼓励重复购买。主辅渠道的适配协调需要企业在多个方面持续努力和创新。通过灵活的渠道策略调整、创新的客户服务模式、数据驱动决策、促进渠道间的良性竞争与合作以及关注新兴渠道的发展等措施的实施，企业可以不断提升其市场响应能力和竞争优势，实现可持续发展。

5.3 日化品营销的全成本控制

在日化品营销中，全成本控制是确保企业盈利能力和市场竞争力的关键环节。探讨日化品营销全成本控制时，应该考虑得更为全面和细致。因为营销成本不仅包含直接面向市场的各项支出，还涵盖与原材料采购、产品生产过程、人工成本、固定资产折旧以及制造工艺等多个环节相关的费用。

5.3.1　日化品营销成本的概略构成

营销成本的构成不仅包括直接成本，如原材料采购、生产过程中的能源消耗、人工费用等，还包括间接成本，例如市场营销、广告宣传、物流配送、售后服务等。此外，还有潜在成本，如产品开发、品牌建设、市场调研以及应对市场变化的灵活性成本等。

(1) 产品生产的直接成本

直接成本是显而易见的，它们直接关联到产品的生产和制造过程。在日化品生产中，它包括原材料采购、生产过程中的能源消耗以及人工费用等。这些成本是产品定价的基础，也是企业盈利的起点。

① 不变成本　这些成本在一定生产规模内相对固定，不受产量变化影响，如固定资产折旧（如厂房、机器设备等）、管理费用、部分研发支出等。

其中，固定资产损耗折旧费是容易被管理者忽视的。由于长期使用和磨损，固定资产（如机器设备、厂房等）价值逐渐减少，这部分减少的价值应以折旧的形式计入产品成本。部分研发支出、管理费用也应按国家相关财务制度逐年分摊计入生产成本。

② 可变成本　是随着生产量的增减而变化的成本，主要包括原辅材料的直接成本、人工工时费用以及根据产量调整的其他制造费用。

原辅材料成本是直接用于产品生产的原材料和辅助材料的费用，其价格波动直接影响到产品的生产成本。人工工时成本包括直接参与产品生产的工人工资、福利以及相关的培训费用等。为了确保产品质量和满足市场需求，企业需要投入资金进行生产工艺的研发、改进和维护，这些制造工艺费用也是产品成本的一部分。

(2) 营销过程成本

① 市场调研费用　为了了解市场动态和消费者需求，用于编制或购买市场研究报告、进行消费者问卷调查、分析竞争对手情况等所付出的费用。

② 广告费用　用于提升品牌知名度和产品曝光率开展的电视广告、网络广告、户外广告、杂志广告等多种形式促销活动的宣传推广。

③ 物流和供应链管理成本　日化产品通常需要稳定的供应链来保证产品的及时生产和配送。这涉及原材料采购、生产计划、库存管理、运输安排等多个环节。

④ 营销团队薪酬及激励费用　直接参与产品销售的人员工资、奖励、差旅费以及培训费用等。

⑤ 售后服务成本　日化品售后服务项目包括产品应用咨询、退换货、使

用指导和维修服务等。

(3) 潜在的间接成本

在日化品营销中，除了上述的直接成本和营销活动费用外，还存在一些潜在的和间接的成本，这些成本不是那么显而易见，但同样会对企业的利润产生重要影响。它们包括产品包装设计和制作的费用，品牌建设和维护的费用，通过组织新闻发布会、赞助社会活动、参与公益活动等公关费用，都是日化品营销中必须付出的成本。

5.3.2 日化品营销全流程的成本控制

从解词说文的角度而言，营销与销售是两个不同的概念。营销是指企业发现或发掘准消费者的需求，通过推广和销售产品，让消费者了解并购买产品的过程。它是一种创造、沟通、传播和交换产品的活动、过程和体系，旨在为企业和社会带来经济价值。

营销是通过满足客户需求，创造持久的客户价值，从而增加本企业的市场份额和盈利能力。营销过程包括市场研究、产品定位和研发、产品的生产、质量监测、上市销售和推广、客户关系管理等各个环节。营销的本质是辨识客户未被满足的需求，营造最佳价值，方便客户以最快捷的方式完成交易。

在日化品营销中，成本控制是提高产品市场竞争力和企业盈利的必要手段，需要从市场研究、产品定位和研发、产品的生产、质量监测、上市销售和推广、客户关系管理的全流程逐一落实。

(1) 市场研究

在经济学家的思维中，对日化品营销做市场研究所付出的费用属于机会成本，也是一种隐性成本（其他三种隐性成本是沟通成本、决策成本和试错成本）。所谓“机会成本”是指为了某一特定选择而放弃了其他有价值的其他选择的成本。在日化品行业，这意味着企业为了开展某一品类产品的营销而可能牺牲掉的营销其他产品或策略的潜在收益。

例如，一家日化品公司可能决定将大部分营销预算投入新推出的某个洗发水品牌上，以期在市场上迅速占据一席之地。然而，这种集中资源的做法可能会导致对其他同样具有潜力的洗发水或者化妆品得不到足够的市场推广甚至是完全放弃，从而错失了这些产品可能带来的收益。

为了降低这种机会成本，日化品公司需要进行周密的市场分析和战略规划，包括对目标市场的需求进行深入研究，了解消费者偏好，以及评估不同营销策略的潜在回报，以使公司能够以更合理的资源分配，确保具有良好市场前景的其他产品都能得到适当的市场推广，保障本企业整体经营目标的营销效益最大化。

日化品营销的机会成本是企业在制定营销策略时必须考虑的重要因素。通过科学的决策和创新的营销手段，企业可以在激烈的市场竞争中找到最佳的资源分配方式，实现产品线的均衡发展，最终达到提升整体市场竞争力和盈利能力的目标。

(2) 产品定位和研发

日化行业市场同质化竞销日趋严重，企业做好产品定位和差异化功能研发是企业成功的关键因素之一。企业必须精准把握不同目标消费群对日化品功效的诉求，制定出符合满足消费者购买价值和利益的产品定位策略。

① 产品定位　产品定位需要明确其产品是面向高端用户还是大众市场，是追求功能性还是情感价值，是注重环保还是技术创新等。有的企业可能专注于提供天然成分的产品，以吸引对健康和环保有高度关注的消费者；有的企业则可能通过添加特殊功能，如美白、抗衰老等，来满足特定的美容需求。

产品定位需要结合市场趋势和消费者偏好进行分析，了解消费者对拟营销的日化产品的诉求升级变化，包括对成分、功效、包装、价格等方面的期望。在产品功能升级或新品研发过程中，综合平衡创新与成本之间的关系，避免追求功效的“新而全”、原料和技艺的过度创新可能导致的研发成本过高，影响产品的市场定价和利润空间。因此，企业需要在保证产品质量和功能的前提下，通过优化研发流程、采用成本效益分析等方法，有效控制研发成本。

② 产品研发　一种品类的日化品不可能充分满足各类消费者的各种期望。在《化妆品功效宣称评价规范》和《化妆品分类规则和分类目录》之附表一“功效宣称分类目录”的规定里，将化妆品的功效分为 4 大类 26 种，化妆品功效评价宣称需分门别类，单一品类产品原则上不得宣称 3 种及以上的功效。

企业必须对目标消费者的需求有深刻的理解，根据这些需求来设计和开发产品。它不仅涉及产品的功能性和质量，还包括其品牌形象、价格定位以及与消费者情感的连接，避免盲目研发与原料功效的冗余。

企业需要在保证产品质量的同时，合理控制成本，以确保产品的市场竞争力。研发成本是产品开发过程中的一个重要考量，它不仅仅是研发阶段的短期付出，也会导致投产营销后的长期投入。例如，使用高品质原料、先进的生产技术和装备、高端的质量测试手段等，都需要大量的资金投入。这可能涉及供应链的优化、采用成本/效益比更低的生产方法，研发创新更为高效实用的检测程序，以尽可能降低不必要的生产、营运成本。

(3) 产品的生产

日化产品的生产成本主要包含两大块:配方原料和工艺支出,它们是可以通过配方优化调整和加强生产过程管理得到有效控制的。

① 配方优化调整　通常来说,新产品研发或者功效升级调整完成后,已经定型的日化品配方是不允许随意改动的。但如果遇供应链发生变化(这里特指供应商取舍、原有原料供应价格发生断崖式波动)、新的更有效的同名原料获得应用,生产企业可以通过供应部、技术部、生产部等多方协商,形成会议决议后,对产品配方进行优化调整,从而控制原料成本。

这种调整,首先需要技术开发部门对供应部门提供的具有稳定渠道来源的新原料做小试替代实验、测试,并提供小样给销售部门让相关用户(消费者)体验认可后,才能在生产上付诸实施。

这种调整,原则上不需要对出厂的货品包装及标识做任何修改,不能违背《化妆品标签管理办法》和《化妆品配方填报技术指导原则》,不影响行业管理和质量监管部门的检查结果。否则,就必须列为新产品,重新做日化品的注册备案。

② 生产过程管理　生产管理过程中对于产品成本的控制,属于现场工艺工程师和岗位操作工人的职责。首先是杜绝原辅材料和能源的无为浪费(俗称"跑冒滴漏"),在确保产品质量全面达标的前提下厉行节约。例如,对余热利用、提高工艺操作效率以节省工时、精准灌装量"跑下限"等环节做"有心人"。

③ 技改合理化建议　车间现场人员对于生产过程的成本控制,可以发挥作用的另一个方面是提出技改合理化建议,优化生产流程和提高设备效率可以显著减少能源消耗和人工成本。

这方面包含投加料工艺手段的改进、物料混合及乳化装备的技术改造、能源(热冷媒体)的梯级利用等方面,现场人员观察得最持久和仔细,最有发言权,其合理化建议一旦得到采纳实施,对生产成本的控制作用更长远。

(4) 质量监测

在日化产品的生产过程中,质量监测是确保产品安全和效能的重要辅助环节,正所谓"好的产品质量是生产出来的,不是检测出来的。"为了有效控制成本,可以采取优化监测流程、实施物联检测、统计过程控制措施来达到。不能减少或放松检测环节和规范,掩耳盗铃糊弄消费者,自砸品牌信誉。

通过引入先进的自动化监测设备,减少人工操作环节,提高监测效率,减少因操作不当导致的返工和废品率。

利用物联网技术实施实时监测，实现生产过程中的实时数据采集和分析，及时发现并纠正偏差，避免不合格品的产生。

定期对生产线上的员工进行质量意识和操作技能的培训，提高他们高效使用监测仪器设备的技能，对可能出现的质量问题提前做好预警和预防措施，防范和控制生产过程中的质量波动。

(5) 上市销售和推广

在网络信息无所不及、专利技术和日化品成分标注高度公开的背景下，每个行销的日化品都难以独善其身，市场竞争面临着巨大的成本压力。为了确保产品的市场竞争优势，保障企业的利润预期，企业也必须从上市销售和推广方面采取有效的策略控制成本。

在销售和推广上，企业要充分利用数字营销工具，如各种社交媒体、搜索引擎优化（SEO）和内容营销等，这些方式相比传统广告成本更低，且能更精准地触达目标消费者，减少推广过程中的资源投入产出不对称的浪费。

企业在注重产品包装设计创新，以耳目一新的包装形象吸引消费者的同时，也要避免过度包装以及太频繁的包装更新，控制在包装设计制作方面的不必要新增成本。

(6) 客户关系管理

通过对客户关系的精细化管理，也可以有效降低不必要的开支，同时提升客户满意度和忠诚度。

在营销的全过程中，企业应及时建立完善的客户数据库，收集和分析客户的购买历史、偏好和反馈信息。这不仅有助于企业更好地理解客户需求，还能为制定个性化的营销策略提供数据支持。

利用现代信息技术，如CRM系统，通过自动化的工作流程减少了人工操作的错误和时间成本，实时更新客户信息有助于快速响应客户需求，提升客户关系管理的效率、服务质量和客户满意度。

通过会员制度、积分奖励、定期促销活动等手段，加强客户忠诚度的培养，增强客户的黏性，促使他们进行重复购买。因为获取新客户的成本通常远高于维护现有客户的成本，维护老客户比吸引新客户更为经济高效。

5.3.3 日化品生产过程中的常见浪费现象

浪费是指对人力、财物、时间等使用不当或者没有节制的消耗，在财务上通常不能计入成本的开支。企业每生产一件产品，都不可避免地伴随着或大或小的浪费。日本管理学家把产品生产和营销过程中各种业务环节里出现的不被觉察和重视的浪费现象，称之为暗藏在企业里的“地下工厂”。

日化品生产厂里常见的6大浪费现象是：等待浪费、搬运浪费、不良浪费、动作浪费、加工浪费、库存浪费。

(1) 等待浪费

等待浪费主要发生在生产计划不够精细和对影响工艺操作进程把握不准确上，它降低了生产效率，增加企业的运营成本。

企业应通过精益生产的方法来识别和消除等待时间，合理安排生产计划调度，确保设备和人员得到充分利用，例如，改进物料供应和仓储管理，确保原辅材料提前到达生产线岗位，减少机器和工人的等待时间，采用先进的自动化生产装备提高生产效率，减少产品在不同工序之间的转移时间，加强员工技能培训和团队通力协作意识的养成，减少不必要的迟疑和补正误操作，确保各个环节之间的衔接更加顺畅。

(2) 搬运浪费

生产过程中的搬运浪费也是一个惯常存在的现象，产生的原因往往是生产场地定置布局不够合理，物料的流动路径欠优化，增加了不必要的搬运距离。由此还会带来人员的辛劳和物料的耗损。

车间管理人员应做好生产现场的6S定置工作，将生产线布局优化为U型或直线型，减少物料以及半成品在不同工序之间的搬运距离。实施精益生产中的“单件流”原则，减少在制品在车间内的停留积压，以减少搬运次数。

(3) 不良浪费

所谓不良浪费，是指生产过程的误操作导致出现疵品，为避免产品不合格而采取补救措施修复，在工艺流程上产生的浪费。

优化生产流程、严格按工艺规程进行生产操作是减少不良浪费的关键。企业应该通过引入精益生产理念，对现有的生产流程进行细致的分析，制订切实可行的岗位操作规程，严格履行岗位职责，根除不良的操作陋习，及时如实填写操作记录，规范操作时序，避免因操作不当形成不良品。

(4) 动作浪费

由于操作岗位空间布局不合理或操作方法不当，员工在生产过程中产生不必要的动作，从而浪费时间和精力就是动作浪费。例如，工具和材料放置位置不合理，操作人员需要频繁弯腰、伸手或走动才能取得，这些动作的重复不仅消耗体力，也降低了工作效率。

（5）加工浪费

因为设备运转时序设置不当、工艺流程制订不合理或过度加工等原因，导致产品加工时间过长或资源消耗过多的浪费就是加工浪费。日化品生产过程中，物料的加热和冷却，O/W 乳化与 W/O 乳化工艺设置的先后时序，物料间快捷分散技巧的运用不恰当，都会增加不必要的加工步骤。

（6）库存浪费

库存浪费，包括产品制造过多和过早以及缺货损失，是由于市场需求预测不准确或生产计划不当，库存过多或过早生产，或者因库存不足而错失销售机会。库存过多或过早都会占用大量资金，增加仓储成本，甚至可能导致产品过时。而库存不足时，往往会采取应急性的加班加点，打乱生产线的平稳运行，导致人员疲劳、质量把控松懈，影响客户满意度。

为了避免库存浪费，企业需要采取有效的库存管理策略。通过精准的需求预测和生产计划来减少库存积压，实施及时生产（Just-In-Time，JIT）策略，根据营销需求调整生产量，降低缺货的风险，保证产品生产量与销售量的良好匹配。

第六章

日用化学品的售后服务与客户持续维护

营销和销售是市场活动中的两个重要概念，说起来人人都知道，但真正理解其内涵的人不足 3 成，能够分辨它们的本质区别的人少之又少。

营销的本质是企业根据企业经营战略及业务发展需要，辨识潜在客户未被满足的需求，营造最佳价值，方便客户以最快捷的方式完成交易，帮助客户解决问题，自己获取期望的价值回报；销售的本质则是将企业生产经营活动的价值变现。营销的目标是拓展企业的品牌价值和持续生命力，承担必要的社会责任，实现购、销双向共赢；而销售的目标只在于促成开单，将商品销售出手并及时回收货款，达到并超额完成销售计划。由此可以毫不夸张地说，目前市场上 80％的销售员仅仅在做销售，只有 20％的人在开展营销。

6.1 洞察顾客消费心理，制订差别化应对策略

客户（消费者）在购买行为上，时常会出现一些奇怪的消费心理。比如，某些开着豪华车的老板们，竟然会为了几毛钱的优惠在菜市场与卖菜的大婶讨价还价；某些不惜刷爆信用卡购买昂贵手袋的年轻女孩，在订外卖时却因为很少的运费而犹豫不决；顾客在某多、某东、某猫网购平台上挑选某个商品时，会为一点优惠或者是运费险，翻来覆去花费 30 分钟以上做比较……这种在消费不同商品时表现出的截然不同态度，是什么原因造成的呢？一言以蔽之——不同的消费心理。

6.1.1　洞察顾客消费心理

（1）从众心理——羊群效应

在驯兽场或者街头杂耍场所，人们经常会看到这样的情景：一根木棍横置于羊群之前，领头的羊跃过之后，紧随其后的羊也会重复同样的动作。驯兽员把这根木棍移除后，后续的羊在抵达此处时仍会模仿前面羊的行为，进行一次无用的跳跃。这种无意识的模仿行为被称为“羊群效应”，也是我们常说的“从众心理”。

在某些促销活动现场，很多消费者也容易丧失独立判断的能力，倾向于追随大众，随波逐流。

（2）消费习惯——飞轮效应

人们为了激活一个停滞的飞轮，一开始必须投入巨大的力量去推动它。而当飞轮开始旋转后，由于飞轮外沿的大质量和旋转势能使其保持惯性转动，所需的推动力便会大大减小，这便是著名的飞轮效应。

如今很多互联网营销大公司就采取了在投入期向用户“烧钱”的策略，给大众培养某种消费模式，比如共享单车（电动车）在大中城市的密集投放推广，在较低使用费且免押金的消费习惯被培养后，市民普遍摒弃了自有单车、电车。至此，共享单车（电动车）的管理人员几乎不需耗费多少精力便能吸引和持续维持这种消费的营销业绩。

（3）“必需品”错觉——累赘原理

生物学家扎哈维首先发现了生物界普遍存在的“累赘原理”，简言之，就是自然界中的生物，看似进化和发展了某种不利于自身生存的特征，实则是为了吸引配偶并传递基因。例如，雄性孔雀的长而累赘、美丽却不便摇曳的尾羽，雄性极乐鸟胸前绚烂多彩的羽毛，都是为了凸显自己，促进繁衍后代。同理，人们为了吸引他人注意，也会努力展示自己的外在优势。比如现代女性普遍使用的口红，就是为了给人呈现美丽的观感，尽管产品研发者和销售广告上都宣称，口红对嘴唇肌肤具有保湿滋润作用，但相对于间或用舌尖舔舐的保湿滋润效果，无疑是“小巫见大巫”。

在日化品营销中，将某种商品“塑造”成生活中不可或缺的物品，使消费者感到没有这些产品就无法展现自己的美丽或智慧，实质上这是一种被塑造的错觉的“必需品”。

（4）诱导消费——鸟笼效应

“鸟笼效应”来源于一个小故事：著名心理学家詹姆斯和他的好友卡尔森两人

打赌，詹姆斯说“一定会让卡尔森不久后养上一只鸟”。卡尔森不以为然。于是，詹姆斯将一只精致的鸟笼送给了卡尔森，卡尔森将这只精致的鸟笼摆放在了客厅之中。没多久，卡尔森果真养上了鸟。原来，只要有客人来访，总要问卡尔森关于鸟的状况，令卡尔森不得不一次又一次地解释。无奈之下，卡尔森只能买了一只鸟。

在日化品销售中，为了让消费者被“鸟笼”困住，营销公司往往会生产所谓“系列配套”产品，当你想要使用其中一种产品时，必须将与之相配套的其余产品一起购买，如与彩妆面膜配套使用的粉底霜、卸妆水等。

(5) 炫耀的力量——凡勃仑效应

凡勃仑效应揭示了人们的一种奇怪的心理现象：当商品定价较高时，反而更能得到消费者的青睐，它反映的是消费者对商品的心理需求（即挥霍和炫耀的心理）。奢侈品营销是凡勃仑效应的典型代表。

普遍而言，价格是影响消费者作出购买决策的一个重要因素。那么，是不是商品价格越低，消费者购买意愿就越强呢？

在商店里，标价偏低的衣服会挂置很久，倘若在价格上加几个零，转眼就可能被卖掉；功能相差不多的一块手表，标价 68000 元比标价 680 元要卖得火……这种价格越贵人们越疯狂购买，价格便宜反倒卖不出去的“反常”现象就是“凡勃仑效应”。

(6)“失去焦虑”放大器——稀缺原则

所谓“稀缺原则”，指的是无论是机会、内容还是产品，其数量越有限，在欲行购买的消费者心中，被赋予的价值就越高。

消费者在决策过程中，对可能错失的担忧往往起到关键作用，与渴望得到某物品相比，害怕失去的恐惧更能激发人们的购买动力。例如，告知消费者某些商品的存货有限，设置抢购活动或秒杀促销的截止时间段等手段，把“时间”纳入为资源策略，无法保证持续供应，可以快速刺激购买的紧迫感，能有效地促使顾客作出购买决定。

(7) 不上当的“错觉”——折中效应

人们在选择具有“上、中、下”价位的同类商品时，往往会为了避免上“商家的价格圈套”，优先购买中间价位的商品，以为这样选择的风险更小，这种现象被称为“折中效应”。

有实例测试证明，当时尚女郎面对两种卸妆水时，A 品的售价 120 元，容量为 600 mL；B 品的售价 250 元，容量为 600 mL。这种情况下选择 A 和 B 的人数各占 50%。当同时摆上第三种选项 C 品，售价 580 元，容量也是 600 mL 时，则有 70%的顾客倾向于选择 B，只有 20%的人选择 A，10%选择了 C。

因此，在制订营销价格策略时，产品线的配置并不需要着眼于让每一款产品都畅销，而是通过巧妙的售价设计，确保某些产品能够成为销售主力或利润来源。

6.1.2 应景购买者心理的差别化策略

了解和掌握销售场景中顾客的七种心理反应，对于销售人员至关重要，它们不仅决定当次销售的成败，还直接影响到客户的满意度和忠诚度。

(1) 好奇心

当销售人员向客户展示商品或服务时，客户首先会对商品或服务的功能、性能、价格等方面产生浓厚的兴趣，产生好奇心。销售人员应充分抓住这一点，继而通过精彩的演示和详细的介绍来激发客户的好奇心达到高峰，引导他们进一步了解产品。

(2) 兴趣

当客户对商品或服务产生好奇心后，他们会逐渐表现出兴趣。销售人员这时就需要深入了解客户的需求和痛点，将商品的特点与客户的实际需求相结合，进一步强化客户的兴趣。

(3) 欲望

随着对商品或服务了解的加深，客户会产生购买的欲望。这时需要通过有效的沟通技巧（强调产品的独特卖点、提供优惠促销信息等）来提高客户的购买欲望。

(4) 信心

在购买决策的关键时刻，客户需要对产品或服务有足够的信心。销售人员应通过提供详细的产品信息、客户评价、售后服务保证等方式来增强客户的信心。

(5) 行动

当客户对产品或服务充满信心后，他们会采取购买行动。销售人员在这个阶段应提供便捷的购买渠道（付现、扫码、刷卡支付）和完善的售后（打包、捆绑装饰、购物袋及协助推车）服务，确保客户能够顺利完成购买并享受到满意的服务体验。

(6) 满足感

购买完成后，销售人员可婉转提请客户对商品或服务进行评价，如果达到预期效果，他们会产生满足感。

(7) 忠诚度

当客户对商品或服务评价满意时，他们会在未来的购买决策中，更倾向于选择同一品牌或服务商。销售人员应通过定向回访、优惠活动等方式来维护和提升客户的忠诚度。

在销售过程中，销售人员需要敏锐地捕捉客户的心理变化，灵活调整销售策略，以满足客户的期望和需求。同时，销售人员还应注重与客户的情感连接，通过真诚的服务和专业的建议来建立长期的信任关系。

6.2 客户（消费者）的分类管理

永续经营是每个企业营销者追求的目标及使命。在激烈的竞争下，为达成目标，企业必须全力维系既有顾客，不断地创造新顾客。对所有进行过业务交往和关注的客户（消费者）开展分类管理，及时做好客户信息的更新和服务工作，对于维持和扩大销售业绩至关重要。

日化品客户（消费者）的分类管理是企业制定市场策略的重要环节。根据消费者的不同需求、购买习惯和消费能力，企业可以将客户分为几个主要类别，以便更有效地满足他们的需求。

6.2.1 客户（消费者）信息库的建立

客户（消费者）信息库是企业营运的宝贵资产之一。通过收集和分析客户的基本信息、购买习惯、偏好和意见反馈，企业可以更好地了解目标市场，从而制定出更加精准的营销策略。建立一个全面的客户信息库还可以根据客户的独特需求提供个性化的产品和服务，提高客户满意度和忠诚度。

客户信息库的构建必须与企业的战略目标一致，形式结构明晰，后续维护务必开放、动态化和授权共享。客户信息库不仅包括客户的联系方式、购买历史等基本信息，还要涵盖客户的购买行为、业务运作偏好、正反多方面的反馈意见和建议等。建议使用客户关系管理系统（CRM）并以Excel表的形式建立客户（消费者）信息库，以企业内部的销售部和供应部为主，技术开发部和生产运行保障部为辅，所有参与企业对外联系交往的部门都参与客户信息的收集、整理，每个月底统一提供给公司企管部信息办归档补正更新。

信息条目须包含但不限于序号、客户单位名称、地址（包括企业网址）、企业负责人、业务主管姓名、联系方式（电话、微信号）、首联日期及来源、关注产品类目及使用要求、业务达成记录、账务信息（账户及开户行、票务细目、成交条件）、订单进展、反馈意见概要、个别差异化要求、最新信息补正时间、信息查阅权限等。下面归类解析如下。

（1）客户单位名称、地址（包括企业网址）、企业负责人

这3项收录的是顾客的团体信息，可以通过“企查查”搜索证实。是为预防业务联系人更换或调离失联后的备用联系方式，如果是“B to B”的业务，就务必掌握对方的整体信息。

（2）业务主管姓名、联系方式、首联日期及来源、关注产品类目及使用要求

收录这4项信息，是记载业务起始联络的渠道，一方面可以用来评估本企业前期广告推广渠道的有效性和客户推介的归属，另一方面则是加强和细致了解客户的问题诉求所在，为后续的业务达成留下对象精准、效率超高的联络方式。

（3）业务达成记录、账务信息、订单进展

这是达成业务实绩客户的重要成交信息，记录了商品细类、成交批量、收付款条件（单价、运费、票务信息、回款约定、隐形附加条件等）、货款回笼情况。属于机密级商业秘密，除了成交当事人和直接主管领导外，严格禁止其他人打开阅读涉密，违者以泄露商业秘密论处。

（4）反馈意见概要、个别差异化要求、最新信息补正时间

任何品类的商品，在设计研发和营销环节，都是针对某些特定客户（消费者）展开的。不仅这些特定客户（消费者）会对使用后的商品提出意见和更进一步的差异化要求，其他试用者在这方面的反馈可能更是五花八门。作为营销者不仅要对反馈这些意见的提出者心存感激，更要高度重视，及时向公司内部的相关部门汇报交流，深入细致地甄别问题的症结所在，雷厉风行地采取措施予以持续改进，确保这类客户不轻易流失。

（5）信息查阅权限

为了确保客户信息库的完整性和安全性，企业对客户（消费者）信息库的建设和利用，应采取“宽进严出”的策略，特别设置“信息查阅权限”一栏，设定对不同客户信息了解和利用的本公司内的部门和人员的权限。保护客户隐私是营销企业必须坚守的基本原则，采用先进的加密技术和安全防护措施，确保客户信息不被滥用或泄露。

客户信息库在企业营销中可以发挥多种作用：通过分析客户的购买记录可以预测未来的销售趋势，及时调整库存和生产计划；剖析客户的反馈和建议促进不断改进产品和服务，提升客户体验；帮助企业进行精准营销，开展个性化的推广活动，提高营销效果和市场占有率。

6.2.2 客户（消费者）交易信息的监测和维护

客户（消费者）交易信息的日常监测和维护是日化品营销企业获取市场反

馈和优化产品的重要手段。交易信息的监测维护讲的是形式，实际需要工作的内容是：通过记录客户（消费者）的购买历史、偏好和反馈信息，对他们的购买行为进行分析，可以了解哪些产品受欢迎，哪些产品需要改进。通过社交媒体和在线平台，与消费者进行网络互动，及时回应他们的疑问和建议，增强消费者的参与感和归属感。定期发送个性化的促销信息和产品更新，提高客户的购买频率、满意度和忠诚度。

（1）持续改进

客户交易信息反映了商品在市场上的营销热度。受消费者喜爱、乐于使用的商品，顾客响应热烈，其交易频繁，客户关注度高，负面反馈稀少。而不受消费者待见、复购成交记录甚少的品类，给客户造成过某种不良消费体验，甚至被客户厌恶、要求退货退款的产品，无疑会带来诸多网络差评。作为营销者，对于暂时“不受消费者待见”的产品，不能轻易放弃，毕竟在研发和营销阶段付出了大量精力做论证和试销，是具有一定的销售前景的。接下来所要做的工作是对营销过程进行持续改进，这种改进至少包含产品功效的完善、销售服务的改进、营销目标的再甄选三个方面。

① 产品功效的完善　日化产品的功效完善，需要追踪进行市场调研和消费者反馈收集，深入理解和精准把握消费者的诉求，了解消费者的真实需求和使用体验，摒弃对功能“新而全”的非理性追逐。通过产品的多样化、差异化，不断优化产品配方，提高产品的差异化效能和用户体验，满足不同消费者群体的个性化追求。

日化产品功效的完善，不仅依靠先进的配方技术，还需要注重产品的安全性和环保性。日化产品中所含的原料成分必须经过严格筛选和测试，确保其对人体无害，不会引起过敏或其他不良反应。产品包装应采用环保材料，注重使用生物降解材料和可再生资源，减少对化石原料不可再生资源的依赖，减少对环境的污染。

② 销售服务的改进　为了更好地满足消费者的需求，提升客户满意度，需要对销售团队不断进行专业培训，确保每位营销人员都能准确掌握产品的特点和使用方法，显著提升销售人员的专业能力，能够更加自信而准确地向顾客推荐合适的产品。

强化顾客反馈机制，通过调查问卷和在线评价系统收集顾客对产品和服务的意见，定期汇总分析，不断改进产品和服务质量。设立 24 小时客服热线，在营销社交媒体平台上建立互动平台，优化售后服务流程，确保顾客在购买后遇到任何问题都能得到及时解决，快速响应顾客的咨询和投诉。

加强与顾客的互动和沟通，定期举办促销活动和会员日，利用大数据分析顾客的购买习惯，为他们提供个性化的购物建议和优惠信息，增强顾客的复购率和忠诚度。

③ 营销目标的再甄选 为了更好地适应市场，提升销售业绩，在进行客户（消费者）数据库信息日常监测和维护时，对目标客户及营销渠道进行再甄选及匹配很有必要。对既往的交易信息做深入分析，识别出具有潜力的客户。对于那些近期交易和反馈少的客户，确认造成其联系冷淡的原因，调整投送信息和商品的品类，更换促销业务代表或与之匹配度更好的营销渠道，合理分配营销资源。

根据每个商品的品类特性和目标客户的功能诉求以及购买习惯，对供货方式和差异化服务的营销环节做优化，及时调整产品和服务，以满足消费者不断变化的需求。通过精准的目标客户定位和多元化的营销渠道布局，日化品企业可以在竞争激烈的市场中脱颖而出，实现可持续发展。

（2）提升客户体验

体验营销是日化品行业近年来兴起的一种新型营销方式。提升日化品的用户体验需要从多个方面入手，包括移动终端仿真、智能导购和售后、个性化推荐及进店体验等。

① 移动终端仿真 在日化品营销过程中引入移动终端仿真技术，使得体验营销更加便捷和高效。通过模拟真实的购物环境，让消费者在虚拟空间中体验产品的使用效果，快速激发购买欲望。

客户在移动终端上可以自由便捷选择产品，观摩即时呈现的日化品的使用过程，直观地看到使用前后的对比效果，享受沉浸式的购物体验。

② 智能导购和售后 通过大数据分析和人工智能算法，分析消费者的浏览行为或购买偏好，借助肌肤、毛发、其他物品的快速测试、即时显示的智能化技术，为消费者提供个性化的购物建议，推荐适合其肤质或喜好的日化产品。

智能售后服务系统通过集成在线客服机器人、智能语音识别和自然语言处理技术，可支持消费者通过智能客服系统查询订单状态、产品使用指导或退换货流程，快速响应消费者的咨询和投诉。

③ 个性化推荐及进店体验 个性化推荐及进店体验是日化品营销中提升顾客满意度和购买意愿的重要手段。销售人员为每位顾客量身定制推荐方案，推荐与其肤质相匹配的最新产品，根据季节变化和地域、日常生活环境等推荐适合的防晒或保湿产品，提前向顾客发送个性化的优惠信息。

在专属的化妆品柜和美容院，顾客无需实际涂抹，通过增强现实（AR）技术试用不同的口红色号或眼影等产品，观察到自己施用后的模样。这种互动式的体验为顾客提供独特的感官认知，不仅增加了顾客的购物乐趣，还能帮助他们做出更明智的购买决策。商家可以在店内设置智能试妆镜、香氛体验区、肌肤测试区等，这些直观且便捷的体验方式将大大提升顾客购买信心，促进销售的实现。

（3）维护品牌形象

日化产品的品牌形象不仅体现在产品的质量与包装上，更在于企业与消费者之间建立的信任与情感联系。

① 持续提供高品质产品是永续经营的物质基础　日化品的品质直接影响消费者的使用体验，只有不断优化产品配方、确保安全性和有效性，才能赢得消费者的长期信赖。

② 注重品牌传播的一致性　无论是广告宣传、社交媒体推广还是线下活动，都应该传达经营者的一致品牌信息和价值观，加深消费者以及社会公众对品牌的认知记忆，形成个性鲜明的品牌形象。

③ 承担社会责任，树立良好的企业形象　日化品经营者应通过环保包装、公益活动等方式，展现对环境和社会的关爱，在力所能及的范围内和尺度上热心参与扶贫救灾、善心捐助活动，提升品牌的正面形象。

6.2.3　客户异动情况的调研及对策

在当前激烈的市场竞争中，日化品行业面临着客户购买行为变化和客户流失的双重挑战。为了更好地理解客户异动的原因，并制定有效的应对策略，必须进行深入的调研分析并据此制定应对策略。

（1）客户发生异动的几个主要因素

① 市场营销策略不足　缺乏有效的客户关系管理是导致客户流失的原因之一，例如在市场推广和广告宣传方面存在不足，导致品牌知名度和市场占有率下降；客户在购买过程中缺乏个性化体验，降低了客户的满意度和忠诚度。

② 产品品质的影响　客户终止使用日化品的可能性极小，转向其他品牌的主要原因是对本公司产品的品质不满，譬如配方更新不及时、包装设计缺乏吸引力，或是产品在使用过程中出现功效匹配度问题。

③ 价格因素　某些对价格敏感的消费群体，竞争对手通过促销活动或价格战策略吸引客户，尤其是竞品的性价比更高时，这些敏感型客户便会转投竞

争对手。

④ 健康和环保意识的影响　新日化原料和包材的不断涌现，那些健康和环保意识强的消费者会倾向于选择那些标榜具有天然成分、具备新功能、新概念、无害添加、包材环保可再生的日化产品。

⑤ 销售渠道的多样化　各种时尚电子商务的兴起，加速了世界“地球村”的进程，为消费者提供了更加便捷的购物方式，也使得日化品的购买更加容易和普及。不同文化之间的交流和融合日益频繁，消费者的审美观念、生活方式和消费习惯也在不断变化。例如，近年来韩流文化的兴起，使得韩国化妆品在中国市场大受欢迎，许多消费者开始追求韩系产品的精致和时尚感。

（2）应对策略

为了更好地应对日化品消费客户的异动，公司需要在营销策略上进行创新和调整，寻找更加精准和有效的营销方式。

① 强化客户关系管理和数字化营销　进一步明确销售人员的责权利，在开拓新客户与维护老客户方面一视同仁，强调客户关系管理的重要性。通过社交媒体、短视频、直播带货等新兴渠道，更加直接地与消费者进行互动，传递品牌信息和产品优势。

② 密切关注市场动态　密切关注市场动态和消费者需求的变化，及时反馈客户诉求，加强产品研发，不定期更新产品配方，提高产品效能。既要与“竞品”保持差异化，对于有差异化诉求的消费者，也要及时推出帮助他们解决问题的匹配型商品（功能配方微调、包装、型号、体验等）。

③ 做好与竞价策略配套的技术备案　制定更具竞争力的价格策略，对差异化产品及时补充新产品备案注册，制订相应的企业质量标准，控制促销活动价格，不做低价倾销（赔本生意），以此应对竞争对手的价格战。

④ 讲好营销故事　通过更新原料配方和采用环保材料等方式，及时引入新的安全性原料，减少生产及营销过程中废弃物的排放。撰写或征集新颖的营销故事，在产品宣传方面及时引入新原料和绿色包材的安全元素，与注重健康和环保的消费者建立信息互动，注重口碑营销和品牌建设，打造独特的品牌形象和企业文化。

⑤ 优化拓展销售渠道　“90后”至“00后”的年轻消费者更加注重个性化和差异化，追求独特的产品体验，他们的崛起为日化品市场带来了新的机遇和挑战。采用数字化营销手段，如社交媒体营销、内容营销等，以提高市场覆盖率和客户参与度。

6.3 日化品消费客户的差别化服务和持续维护

客户群体的异动是影响日化品市场份额（销售业绩）稳定的重要因素。为了更好地应对市场变化，企业需要对不同客户群体进行细致的调研，并制定相应的差别化服务对策。

6.3.1 日化品售后服务的特点

相对于其他工业或民用产品，日化品的售后服务有其自身的特点，缘于绝大部分日化品的使用是与人体肌肤、毛发或贴身衣物充分接触甚至驻留，其制造和功能的发挥需要依托流变学、生理学、医学、美学、心理学等多学科交叉的技术发展。

日化品售后服务的特点在于高度关注产品安全、消费者体验、数字化转型、个性化服务、环保可持续性以及教育引导作用。

(1) 需要高度关注产品安全和使用体验

日化品作为与人们日常生活密切相关的消费品，其售后服务不仅要解决消费者在使用过程中遇到的问题，更要确保消费者的安全和健康。因此，日化品售后服务团队需要具备多学科专业知识和技能，以便准确快速地处理各种咨询和投诉。此外，日化品售后服务还强调个性化服务，优化使用体验，根据消费者对于拟购日化品的具体功能诉求提供定制化的解决方案，从而提升顾客满意度和忠诚度。

(2) 售后服务向网络数字化转型

随着互联网技术的发展，日化品售后服务不能局限于传统的电话客服或门店咨询，需要逐渐向数字化转型，通过在线客服、社交媒体平台等渠道，为消费者提供更加便捷、高效的售后服务体验。

企业应开始利用大数据和人工智能技术，对消费者的购买历史、使用习惯及反馈信息进行深度分析，更好地理解消费者需求，预测潜在问题，推出前瞻性的服务模式，提前采取措施进行预防和解决。

(3) 加强教育引导性

近阶段，每年都注册备案了上百种日化新原料，产品制作、检测和功效表征的新技术和仪器也层出不穷，使用上的安全性和消费时尚都会加速日化品的更新换代。由此，日化品的售后服务还要注重通过举办线上线下的讲座、工作坊等双向互动活动，对消费者传授正确的使用方法、保养技巧，进行教育引导等。

例如，早些年大面积传播的“非典”和“新冠”疫情期间，对于新的消杀和防控类日化品使用的教育传播和引导作用充分展现，强化使用安全性和消费时尚的日化品消费潮流也需要这种教育和引导。特别是面向中老年消费群推广环保和节约资源能源的日化产品，显得更加必要，传播生产企业和消费者都必须承担人与环境永久和谐发展的社会责任的理念。

6.3.2 针对不同客户的差别化服务

日化品专业线客户通常指的是那些专注于高端市场、专业美容院或SPA等场所的客户。对专业线客户的售后服务通常需要具备高度的专业性和个性化。这类客户往往对产品开展了较为系统的比较和咨询研究，对其品质、效果以及售后服务有着更为明确和严格的要求，因此售后服务团队必须具备丰富的专业知识和经验，提供及时、有效、针对性高的解决方案。

① 服务于日化品专业线客户的售后服务团队需要对日化品的专业知识有深入的了解，包括产品的成分、功效、使用方法以及可能的副作用等。这样，当专业线客户在使用产品过程中遇到某种特殊问题时，售后服务人员能够迅速响应并提供定制化的解决方案。团队成员还应具备良好的沟通技巧，倾听客户的需求，了解他们的具体情况，与客户建立良好的关系。

② 日化品数字媒体平台客户的售后服务需要紧跟技术发展和客户需求的变化，不断创新和优化，以满足现代消费者对高效、个性化服务的期望。

鉴于数字媒体平台的客户群体广泛且分散，要求售后服务必须具备高度的可访问性和便捷性。日化品公司必须建立在线客服系统，如即时聊天、电子邮件支持和社交媒体互动，以确保客户能够随时随地获得帮助。

由于数字媒体平台的互动性，客户对售后服务的期望更高，他们希望得到快速且个性化的回应。日化品公司需要利用大数据分析和人工智能技术，对客户的问题和需求进行精准识别，并提供定制化的解决方案。

数字媒体平台上的评论和反馈对品牌形象有着直接影响，日化品公司必须重视客户在平台上的评价，积极回应负面评论，并采取措施改进产品和服务。随着电子商务的不断发展，日化品公司需要与数字媒体平台紧密合作，共同开发创新的售后服务模式。例如，通过增强现实技术（AR）为客户提供虚拟试用体验，或者利用区块链技术确保产品真伪的可追溯性，提升售后服务的附加值。

③ 对于高端消费者，企业应通过高端商场和专业渠道进行销售，从而满足他们对品质和独特性的追求。售后服务团队应注重产品的品质和品牌形象，还应定期对客户进行回访，了解产品的使用情况和客户的满意度，不断改进产品和服务。

④ 鉴于日化品专业线客户可能对产品的使用方法和效果有较高要求，售后服务还要包含提供培训服务，通过举办产品知识讲座、操作培训等活动，提高客户的使用技能，帮助客户更好地了解和使用产品。这些培训可以通过线上或线下的方式进行，内容涵盖产品特性、使用技巧、注意事项等。对于美容院、SPA中心等机构客户，营销方必须提供现场技术支持和运营指导，帮助他们更好地使用和推广产品。

⑤ 对于追求高性价比的消费者，企业应通过优化供应链管理，降低成本，提供更具竞争力的价格。日化品的售后服务还包括退换货服务。如果消费者购买的产品存在质量问题或不符合个人需求，售后服务部门应提供便捷的退换货流程，确保消费者权益得到保障。

6.3.3 细致理解和响应客户的合理诉求

做销售（生意）的本质就是帮助别人赚钱，让客户能从我们这儿获益。假如销售人员时刻以赚钱为目的，掉钱眼儿里，锱铢必较，在每一个流程里都寻求最低成本，压榨利润，将大部分的利润挣进自己兜里，就会永远都赚不到大钱，只能获取一点蝇头小利。所谓“越时刻想着赚大钱，就会离赚大钱越来越远”。营销团体和人员必须细致理解和响应客户的合理诉求，追求营销与客户双赢共成长。

售后服务团队是企业与客户之间的重要桥梁，他们的表现直接影响到企业的品牌形象和客户忠诚度。企业应重视售后服务团队的建设，为他们提供持续的培训和发展机会，确保他们能够以专业、高效和友好的态度服务每一位客户。

① 售后服务团队应具备高度的责任心和耐心，良好的客户服务意识和沟通技巧，耐心倾听客户的问题和诉求，用简洁明了的语言解释技术细节，确保客户能够充分理解。在处理问题时，团队成员应保持专业和礼貌的态度，即使面对客户的抱怨或不满，也要保持冷静，积极寻找问题的根源，并提供有效的解决方案，确保每一个客户的问题都能得到妥善处理。

② 为了更好地服务客户，售后服务团队还应定期接受培训，不断更新他

们的产品知识和提升解决问题的能力，使其能够迅速准确地诊断问题并提供有效的解决方案。通过参加行业研讨会、阅读专业文献和与研发团队紧密合作，及时了解最新的日化产品市场动态和科研成果。

③ 售后服务团队应建立一套完善的客户反馈机制，通过定期的回访和调查，收集宝贵的客户意见。通过这些数据，团队可以发现产品或服务中的不足之处，及时了解客户对产品或服务的使用体验，并及时进行改进，不断优化服务流程和产品质量。积极的反馈也可以作为成功案例，帮助团队在未来的售后服务中更好地满足客户需求。每当为客户提供解决方案后，应设定合理的回访时间点，确保问题得到彻底解决，同时也借此机会深入了解客户的后续使用体验。

④ 售后服务团队还应利用现代科技手段，如 CRM（客户关系管理）系统，优化工作流程，提升服务效率。通过 CRM 系统，方便和及时地记录客户的基本信息、购买历史、咨询记录及反馈情况，实现对客户需求的精准把握和个性化服务。系统内的数据分析工具还能帮助团队识别服务过程中的瓶颈，为优化服务流程提供依据。

随着电商平台的兴起和社交媒体的影响力日益扩大，售后服务团队还应积极拓展线上服务渠道，如开设官方客服账号、参与社交媒体互动等，更直接地接触到客户的声音，快速响应客户需求；利用社交媒体的传播力，传播品牌正能量，提升品牌形象。

⑤ 为了鼓励团队成员不断提升服务质量，建议设立一套完善的绩效考核体系。该体系综合考虑问题解决速度、服务态度、客户满意度等多个维度，确保评价的全面和公正。团队成员应具备良好的团队协作精神，在面对复杂问题时能够高效地协同工作，共同为客户提供最佳的解决方案。对于表现优异的员工，给予相应的奖励和晋升机会，以此激发团队的积极性和创造力。

6.3.4 客户的持续维护

把新鲜的变熟悉，熟悉的变新鲜，在日化行业，基于实体产品的竞争已经白热化，如果能够将营销的产品挤进到核心产品层面的竞争，通过提升周边产品的价值来制造冲突，重构竞品赛道。

卖得好的产品不一定是最好的产品，但一定是最能解决消费者诉求的产品。

“所有的生意都值得重做一遍”，如果我们无法改变实体产品，是不是可以改变核心产品的诉求；进而如果我们无法改变核心产品，是否可以创新周边产品，提供给消费者更便捷的购买路径、更愉悦的购买体验、更舒心的购买前奏？

维护客户的意义在于让客户产生信任，给客户提供价值，能够持续成交以获得更多的附加值。越是关键的客户，越需要这种细心维系；找到能接受这种价值的客户及其能做主的关键人，体现你的不可替代性。这样才会有后续的订单以及后期的客户转介绍。

在上述“6.2.1 客户（消费者）信息库的建立”的基础上，为了持续维护消费客户，营销企业还必须构建多渠道服务体系，持续改进与创新售后服务模式，对重要客户实行定制化产品与服务，增强客户体验，利用数据驱动决策对新的消费趋势开展教育与引导等，从情感、利益、服务、战略、专业五个方面加以落地。

（1）构建多渠道服务体系

为了方便客户随时随地获取服务，企业应构建多渠道的服务体系。除了传统的电话客服外，还可以利用官方网站、社交媒体、APP 等多种渠道为客户提供在线咨询、预约服务、投诉处理等一站式服务。同时，企业还可以设立专门的售后服务热线或在线客服团队，确保客户在遇到问题时能够得到及时响应和有效解决。

（2）持续改进与创新

对售后服务工作进行持续改进与创新是推动企业发展的关键。企业应定期评估售后服务的效果和客户满意度，收集客户的意见和建议，以便及时发现并改进服务中的不足之处。市场是不断变化的，客户的需求也在不断更新，企业需从产品创新、服务创新、营销模式创新等多个方面推进优化。

（3）定制化产品与服务

随着通信和制作技术的发展，满足特定客户需要的定制化逐渐成为可能。营销企业通过收集并分析客户的购买历史、使用反馈等数据，通过与客户的及时和细致交流沟通，为客户提供个性化的产品推荐或定制服务。例如，某些护发、护肤产品可以根据客户的发质、肤质分析报告，为其量身打造专属的配方产品。

（4）增强客户体验

无论是线上还是线下购物，客户体验都是至关重要的。企业应不断优化购物流程，在实体店及专属柜台，设置产品体验区、提供专业的使用指导，增强客户的购物体验。建立会员制度，为复购顾客提供专属的优惠、积分兑换、生日礼品等福利，以此增强客户的归属感和忠诚度。

(5) 数据驱动决策教育与引导

日化品消费中，营销企业有责任通过教育引导的方式，对客户的购买行为、偏好、反馈等信息进行深度挖掘和分析，帮助消费者树立正确的消费观念。引导客户关注行业动态和技术发展，学会接受新技术、新功效，为行业和企业的中远期技术拓展培养潜在用户，助推日化行业的节能减排、持续和谐发展。

日化品专业线客户的售后服务是一个复杂而细致的过程，需要企业投入大量的人力、物力和财力。然而，通过建立专业的客户档案、提供培训与支持、构建多渠道服务体系以及持续改进与创新等措施，企业可以不断提升售后服务的质量和水平，从而赢得客户的信任和忠诚，推动企业的持续发展。

综上所述，日化品数字媒体平台客户的售后服务是一个充满机遇和挑战的领域。通过不断创新和优化服务模式、加强客户互动和忠诚度管理、推动产品研发和市场营销的深度融合以及融入绿色环保理念等方面的努力，日化品公司可以在激烈的市场竞争中占据有利地位，实现可持续发展和长期繁荣。

6.4　以己之智诚赢得客户信任和忠诚度

通常来说，客户在购买商品时担心最多的就是我会不会上当受骗？所以，成交的首要任务就是快速赢得客户的信任。信任是成交的基础，是与客户之间的桥梁。信任有助于快速与客户建立往来关系，因此，开拓行业市场的首要任务就是：赢得目标客户的信任。

赢得客户信任首要的是依靠销售人员智慧和诚信，也需要讲究某些策略。

6.4.1　赢取客户信任的策略

(1) 客户见证策略

客户在确定购买时，其头脑潜意识里都会浮现以下2个问题：①有多少客户买过该商品？这是从众心理使然。如果有人买过，那么说明这个事情是可信的，大多数人会感觉风险系数骤然下降。②买过该产品的客户评价如何？想通过第三方的评价来获得信心。这里可借鉴和使用销售中威力无比的“三面见证墙”：客户照片墙、客户见证墙、客户签名墙，把“三面见证墙”做到网站、宣传单页以及所有可以展现的地方，于无声处增加客户的信任度，赢得客户的合作。

（2）信任嫁接策略

寻找客户的其他信任源，嫁接信任。咨询调查客户曾在哪些渠道购买过类似商品，已经信任了哪些供应商。可以通过与其他供应商的合作，实现信任传递与嫁接，提高成交率。

（3）价值体验策略

免费给客户提供足够其初试体验分量的样品，并免除邮寄费，通过这种价值体验策略获取客户对产品品质和诚信服务的信任。如果给 100 个潜在的客户寄送样品，其中哪怕有 10 个客户最终选择合作，收获也是很大的。“舍得舍得”，如果不舍，何以获得呢？

还有注重诚实策略、权威辅证策略、专业取信客户策略、利益打动客户策略、行动说服策略、寻找共鸣策略、降低风险策略。此处不一一细说，它们的原理无非就是，信任的一半基于诚实，另一半基于能力，有时候巧妙地暴露弱点，反而让客户感觉你真诚；权威的辅证帮助提升产品形象；用自身素质和专业的水平取信客户；客户关注的是商品和服务能给他带来什么好处，比别人有什么优势；不要停留在说服感动客户，更要善于行动，善于为客户着想，帮助客户实现价值；找出双方的共同认知（包括兴趣、信仰、价值观、职业观等）；初次合作的客户可以采取小额拆零、试样或者试单，最大限度为客户降低风险。

6.4.2 与客户建立信任关系

在各种社交场合，时常听人自我表白：“我是一个性情中人”，这就隐含着中国是一个人情社会，讲究“关系”是一个绕不开的话题。若向销售人员“请教”某个单子签约成功的原因，他大概率会告诉你，是因为跟客户关系比较好，或者是自己搞定了客户；如果没签约成功，得到的答案往往是价格偏高。

销售中的这种关系是什么呢？说关系就是感情吧，可是与客户一般也并没有太多的私人感情；说关系是利益吧，但为啥不直接说是利益，非得说是关系？所以更准确的表达应该是“信任”。因为信任的内涵更广泛，我们可以因为感情好而信任一个人，也可以因为某个人是某方面的权威而信任他。

（1）麦肯锡公司的信任公式

国际知名的咨询公司麦肯锡，总结过以下建立信任的公式：

$$信任=\frac{可靠性\times可信性\times亲密度}{自我取向}$$

它能够很好地帮助我们理解关系和信任的区别，也可以指导我们更好地与他人建立信任。人与人之间信任的建立，取决于四个方面：可靠性、可信度、亲密度和自我取向，其中可靠性、可信度、亲密度跟信任是成正比的；自我取向与信任是成反比的。

销售人员只有跟客户建立起信任关系，才能更好地挖掘需求、呈现方案、商务谈判等。没有信任，客户根本不相信你说的话，再有十八般武艺也无从施展。

① 可靠性　让客户认为你很靠谱，说得直白点，就是你做的事情很可靠，客户觉得你靠谱。这种可靠性体现在职业形象和商务礼仪、重视自己的承诺、拜访客户前做好充分的准备。

与客户见面的第一印象对销售人员非常重要，良好的第一印象往往取决于你的着装、礼仪等。对销售人员来说，首先一定要着正装，给客户一个很职业的感觉，销售人员的言行举止也要体现出职业化，讲究商务礼仪。

好的销售人员，并不是到处夸夸其谈的吹牛之士，而是谨慎承诺、确保兑现的人。重视自己的承诺，自己无法做到的事情，不要轻易承诺；一旦承诺，就要全力以赴去确保兑现。比如你答应客户要发一份资料给他，那就要遵守承诺。人与人之间的信任建立是很难的，但是要毁掉有时候却非常简单，1～2次言而无信，没有兑现自己的承诺，就足以毁掉之前所有的努力。有意识地制造一个承诺并兑现，给客户留下一个信守承诺的印象。

拜访客户是销售人员的日常工作，拜访之前，要做好充分的准备，提前了解客户公司和拜访人的基本信息，准备好己方公司以及产品介绍，让客户感觉到你非常用心，非常重视客户。做足功课，也许拜访客户的时候完全用不上，但是最起码也会给自己带来信心，让自己显得更专业和靠谱。

② 可信度　在销售中可以理解为资质和专业能力，就是让客户认为你很专业，是解决问题的专家。主要包括如下几个部分：

行业经验：你在一个行业做了很多年，服务了很多同行业的客户，这都会让客户感到信任。

专业能力：你不仅仅是产品专家，对产品知识了如指掌，包括产品的功能、特性、使用方法、行业趋势等，能够准确、专业地回答客户的各种问题，从而能够帮助客户制订解决问题的方案。

对客户的业务深刻理解：销售人员需要对客户的业务有非常深刻的理解，精通业务流程，从订单处理、物流配送、售后服务等环节都能为客户提供清晰的指引，告知客户订单的处理进度、预计发货时间以及售后保障政策。

因为只有这样，才能跟客户有共同话题，甚至帮助客户出谋划策，提供价值。

③ 亲密度　跟客户建立私交。付遥老师在《输赢》中介绍了关系的四个

阶段，认识、互动、私交和同盟。亲密度，就是指你跟客户是否建立了私交？你们之间私交的程度有多深？这一点就是我们平时说的关系。可以从如下两个方面判断关系的紧密程度。

a. 聊天的内容：从正式的、公开的工作性质的话题，慢慢往个人的、隐私的话题转移。其支撑点就是多了解对方的个人兴趣点，也主动说些自己的、隐私的事情，这样双方才能相互信任。

b. 交往的场所：从办公室、会议室等正式场合慢慢拓展到私人化的场所，如茶室、咖啡厅、酒店包厢等。

想要跟客户建立私交，主要有三种可行的方法：投其所好、价值驱动、用心感动。

④ 自我取向　表现出对客户利益的关心。

自我取向指的是销售人员以自我为中心的程度，该程度越高，取得客户信任的难度就越大；反之，以客户为中心的程度越高，就越容易建立起信任关系。

美国西点军校对领导人的训诫有一条："心里要装着手下人的利益，并且有能力让对方知道这一点。"对于销售人员也是一样的，心里装着客户的利益，并且有能力表现出来。只有在交易中满足客户的利益，双方的关系才能够达到同盟的阶段。在双方合作之前，企业是不可能完全地满足客户利益，因为成本太大，达不到双赢的目标；但销售人员可以做到的是时时刻刻表现出对客户利益的关心，客户就会认为你是个"好人"，是关心他的，自然会产生信任关系。

人都是自利的，客户也不例外，他们希望通过采购解决自己的问题。此时如果销售人员能够暂时放下自己的功利心，为客户着想，帮助客户解决问题，自然也会收获自己的利益，做到"双赢"。

中国有句古话："逆人性为人，人上人；顺人心做事，事事成"。在争取得到客户信任（亲密）关系时，销售人员需要做到"逆自己的人性，顺客户人性"。

（2）如何获得客户信任

客户关系的本质是信任，信任程度的深浅就是客户关系好坏的具体表现。客户的信任分为两个维度：一是对销售个人的信任；二是对该供应商的商品或服务的信任。

快速获得客户信任的主要因素有 4 个：诚实、动机、能力、成果。诚实和动机通过品德来体现，能力和成果则是个人能力的展现，只有德才兼备，才能快速赢得客户信任。

① 诚实　获得客户信任的最基础条件就是诚实，表现在跟客户沟通的时候要实话实说，不盲目夸大。遵守承诺，无论是产品的质量保证、交货时间还

是服务内容，都要严格兑现自己的承诺。例如，答应客户的产品试用期限、优惠政策等一定要如实执行。保持诚实，不隐瞒产品的缺点或可能出现的问题。如果产品存在某些不足，在合适的时候坦诚地告知客户，同时提供相应的解决方案，这样反而能增加客户的信任。

② 动机　快速获得客户信任的第二个因素就是公布自己的动机，让对方理解自己的所作所为，从而获得对方的信任。大家知道，客户和销售两者所站的角度不同，某种程度上两者的利益是对立的，客户想花费更少的代价购买产品，而销售想挣得更高的利润。很多销售员的实践表明，操作方式上的不同(一个公布动机，另一个不公布)，会造成截然不同的营销效果。

③ 能力　获得客户信任的第三个因素是能力。销售交易能够完成，本质上还是提供的产品或服务能够解决客户的痛点，形成等价交换。除了产品本身的因素外，销售人员也需要在跟客户交流的过程中展示出自己的专业能力，帮助客户分析问题，协调厂家用好产品和享受到服务，帮助客户解决售后调试等一系列问题。客户只有见证到你的职业技能，才能够放心地信任你，能力越强越容易得到客户的信任。

④ 成果　获得客户信任的第四个因素是成果，这里就是对过去成绩的一种展示。客户在与销售人员交流时，总喜欢咨询该产品或服务以往的成功案例，以及过往的交付经历。因为客户不想做商家的“小白鼠”，或者是第一个吃螃蟹的人。因此销售人员要善于展示自己的成果给客户，让客户放心，促进更快地获得客户认可。

(3) 与客户建立信任关系的重要方法

要想让客户掏腰包，首先得取得客户的信任和认可。与客户沟通交流，建立信任关系，一个很重要的方法就是给客户创造五种感觉。

① 安全感　建立人际关系是需要时间的，信任不是一蹴而就的，需要给对方时间和空间，让他们自然地了解你和你的业务。如果一上来就表现得特别热情，很可能因过分殷勤而把对方吓跑。记住，任何关系都是循序渐进的。当客户刚走进门店时，不要急于推销，要给他们一点时间熟悉卖场环境。不要一进来就刨根问底儿。

② 掌控感　客户获得安全感后，随着交易流程的推进，他们开始追求掌控感。在销售沟通的过程中，让客户觉得是他们在掌握谈话局面、控制销售节奏，让客户感到他们掌握着对话的主导权。这里，只是让客户“感觉”掌握着主动权，实际上销售人员还是要自己掌握的。具体来说，一是沟通时不要做杠精，总是与客户抬杠；二是要学会提供“二选一”的选择题让客户做决定，这

样提问的目的是给予客户掌控感；三是成交后也一定要注意随时向客户报告进度，及时告知他们已经进入了哪个阶段。

③ 尊重感　销售人员都要学会人情世故，讲究分寸感：该说的话说，不该说的话坚决不能说。任何情况下都不能信口开河，与客户称兄道弟。客户永远是客户，该给的尊重和面子一定得给足。尊重感是发自内心深处给予客户的尊重，不是说给客户倒杯水、开个门就叫尊重。如果心中时刻想着成交生意，做这些事时总想着目的和回报，那就不叫尊重。

④ 仪式感　日化市场越来越内卷，产品高度同质化，只能通过销售行为的差异化让客户记住你，感受到你的与众不同。仪式感是要给客户带来惊喜，让每一个平凡的瞬间都值得被记录、被放大，从而变得不平凡。

⑤ 参与感　小米手机的黎万强曾写过一本书《参与感》，书中描述了小米手机快速发展的一个重要原因是打造了一批“米粉”，让他们获得了参与感。“米粉”们对小米手机系统进行打分并给予公司反馈，小米手机的工程师集采众家之长，快速迭代。参与感让客户获得了掌控感，他们会觉得这个事情是自己做出的选择，而不是被销售人员引导或者强买强卖。

6.4.3　营销与客户双赢共成长

为了实现日化品消费客户的持续维护，企业需要采取一系列策略，确保客户满意度和忠诚度的不断提升，达到营销与客户的双赢共成长。

(1) 持续深入沟通，了解客户的需求变化和趋势

利用数字营销途径，企业可以在社交媒体平台和应用程序上，与消费者建立更紧密的联系。

① 持续了解客户需求　定期和不定期地与客户保持沟通，不仅仅是谈论产品销售，还要关心客户的业务发展、工作生活等情况。

讲究提问技巧的有效性，把开放式提问与封闭式提问相结合，引导客户说出自己的真实需求和期望。比如，先问“您对我们产品的使用体验如何?”然后根据回答进一步问“您觉得我们产品在哪些方面还可以改进呢?”

② 追踪关注客户需求动态　由于市场环境、客户自身业务拓展、新技术出现等因素，销售人员须及时了解客户需求的动态变化。例如，客户所在行业的竞争加剧，会对产品的成本、效率等方面产生新的需求。此时就要根据客户需求的变化，调整销售策略和产品服务内容。

③ 保持沟通的频率和质量　根据客户的重要性和购买周期，制定合理的定期沟通计划，如：每月进行一次电话沟通或每季度进行一次登门拜访，也可

以通过邮件或手机短信、微信每半年沟通一次。

讲究沟通的价值，除了所销售的产品相关信息，还可以分享行业动态、市场趋势、使用技巧等内容。

根据客户对接人的特点、喜好和需求，采用个性化的沟通方式。例如，对于喜欢简洁沟通方式的客户，尽量避免冗长的信息；对于关注新技术的客户，可以重点分享产品的技术创新点；在特殊节日、客户生日或客户公司成立周年纪念日等重要时刻，送上个性化的祝福或小礼物或印有公司标志的定制礼品，增强客户的好感。

(2) 及时更新产品，促进销售可持续发展

在获知和确认了客户以及行业对于产品在成本、功效等方面的新需求后，要及时反馈给公司技术开发部门，并与之协商探讨改进和更新产品的可行性。只有快速响应客户的新诉求，提供更新和改进后的产品解决它们的新问题，体现新价值，才能紧紧抓住客户的购买欲望，甚至拓展新的客户和应用领域，避免造成客户异动，促进销售的可持续发展。

(3) 创新售后服务，快速响应和解决客户的问题

说起对客户的优质服务，人们自然而然想到的是经典的“售前服务、售中服务、售后服务”。也就是为客户提供专业的产品咨询，根据客户的需求和预算，推荐最合适的产品或解决方案；提供产品演示或试用体验，让客户即刻感受产品的优势；确保业务订单处理过程的高效和准确，及时告知客户订单状态；协助客户解决购买过程中遇到的诸如支付问题、包装运输问题和使用指导问题等；有专门的客服热线或 24 小时响应人员及时处理客户的投诉和反馈。

在大数据时代，对客户的优质服务必须借助网络的便捷性，通过微信在线主动回访客户，运用视频观察了解和指导产品使用情况，为客户及时提供产品维护、升级等服务，高效解决客户疑难。

通过定向一对一发布产品的使用技巧、美容护肤知识等内容，增加用户黏性。线上互动帮助客户完成限时折扣、节日特惠等促销活动，综合分析以往客户使用产品前后的照片及短视频，提高老客户的活跃度。

(4) 建立会员制和积分奖励制，鼓励重复购买和长期使用

利用客户信息库大数据，建立会员积分奖励机制，持续累计，多购多奖，鼓励重复购买和长期使用。且不限于对交易额进行积分，对客户意见反馈、批评和建议、分享带客等行为都纳入积分激励范围，拓展信息和客户来源。

(5) 增值服务与合作拓展

与客户的合作共赢，不要局限于商品交易和售后服务，为客户提供额外的

增值服务也是有效手段。例如，为购买商品的客户提供免费的应用配方和操作技术培训，帮助客户解决与产品销售没有直接关系的业务问题，在不造成商业泄密和同业竞争的前提下为客户提供一些市场拓展建议或资源对接服务。

留意寻找与客户进一步合作的机会，与客户共同举办技术研讨会，或者合作推出新产品组合，联合推广、共同开发新市场等，实现互利共赢。

基于客户的业务网络，请求满意的客户为自己推荐其他潜在客户，通过客户介绍或推荐，拓展新的客户资源，并给予一定的奖励或优惠作为回报。

（6）强化品牌传播，增强客户对品牌的信任和依赖

营销与客户的双赢共成长，应注重品牌故事的塑造和传播。通过讲述品牌背后的故事，传递品牌理念和价值观，与消费者建立情感共鸣。这不仅有助于提升品牌形象，还能在消费者心中树立独特的品牌地位。

走在双赢共成长的道路上，企业要加强品牌传播，利用多种维度和形式进行品牌推广。除了传统的广告宣传外，还可以通过支持人类社会的可持续发展、承担社会责任、积极参与行业展会、赞助公益活动等方式，吸引更多潜在客户和年轻消费者的关注，有效提升品牌知名度和美誉度，增强客户对品牌的信任和依赖。

综上所述，日化品消费客户的持续维护需要企业在市场调研、会员制度、售后服务、数字营销、产品创新、可持续发展、客户服务以及品牌传播等多个方面共同努力。只有不断满足消费者需求、提升服务品质、创新营销策略和强化品牌形象，才能实现营销与客户双赢共成长的目标。

参考文献

[1] 国家质量监督检验检疫总局，国家标准化管理委员会．国民经济行业分类：GB/T 4754—2017 [S]．2017-10-12.

[2] 观研天下．中国醇醚行业现状深度调研与未来投资预测报告（2022-2029年）[EB/OL]．2022-12-12 09：41：46. https：//www. 163. com/dy/article/HOCK5H8R0518H9Q1. html

[3] 国家食品药品监督管理总局．关于化妆品生产许可有关事项的公告 [Z]．2015-12-15.

[4] 国家市场监督管理总局．牙膏监督管理办法 [Z]．2023-03-16.

[5] 国家发展改革委．产业结构调整指导目录（2024年版）[Z]．2024-02.

[6] 傅勇国，步正发，PatrickJ. Donnelly，等．新环境，新视野，新高度——中国洗涤用品行业发展高层论坛实录 [J]．中国洗涤用品工业，2013（12）：15. 1672-2701.

[7] 全国人大常委会．中华人民共和国商标法 [Z]．2019-04-23.

[8] 国务院．中华人民共和国商标法实施条例 [Z]．2014-04-29.

[9] 全国人大常委会．中华人民共和国广告法 [Z]．2018-10-26.

[10] 国家药品监督管理局．化妆品标签管理办法 [Z]．2021-06-03.

[11] 国家市场监督管理总局．化妆品注册备案管理办法 [Z]．2021-01-07.

[12] 国家药品监督管理局．化妆品注册备案资料管理规定 [Z]．2021-02-26.

[13] 国家药品监督管理局．化妆品注册备案资料提交技术指南（试行）[Z]．2021-04-12.

[14] 国家药品监督管理局．化妆品注册和备案检验工作规范 [Z]．2019-09-03.

[15] 国家药品监督管理局．已使用化妆品原料目录（2021年版）[Z]．2021-04-27.

[16] 国家药品监督管理局．关于更新化妆品禁用原料目录的公告 [Z]．2021-05-28.

[17] 国家药品监督管理局．化妆品禁用植（动）物原料目录 [Z]．2021-05-26.

[18] 江富远，程静．化妆品原料的应用及其发展趋势 [J]．中国化妆品，2023（2）：30-33

[19] 国务院．化妆品监督管理条例 [Z]．2020-06-16.

[20] 国家药品监督管理局．化妆品新原料注册备案资料管理规定 [Z]．2021-02-26.

[21] 国家药品监督管理局．化妆品新原料注册备案管理政策问答 [EB/OL]．2021-11-11.

[22] 中国食品药品检定研究院．化妆品原料安全信息登记平台填报指南 [Z]．2023-09-04.

[23] 中国食品药品检定研究院．化妆品原料安全信息填报技术指南 [Z]．2021-12-30.

[24] 国家食品药品监督管理总局．化妆品安全技术规范 [Z]．2015-12-23.

[25] 熊远钦．精细化学品配方设计 [M]．北京：化学工业出版社，2011-09.

[26] 国家药品监督管理局．化妆品功效宣称评价规范 [Z]．2021-04-08.

[27] 董银卯，李丽，孟宏，等．化妆品配方设计7步 [M]．北京：化学工业出版社，2016-09.

[28] 熊远钦，洪金明．混料均匀设计试验数据的回归模拟 [J]．陶瓷工程，2000. 12：20-24.

[29] 熊远钦．浓缩加酶洗衣粉配方的均匀设计研究 [J]．中国洗涤用品工业，2000. 12：28-31.

[30] (明) 李时珍. 本草纲目 [M]. 上海科学技术出版社, 1993.

[31] 国家药品监督管理局. 化妆品安全评估技术导则 (2021 年版) [Z]. 2021-04-08.

[32] 国家药品监督管理局. 化妆品分类规则和分类目录 [Z]. 2021-04-08.

[33] 国务院. 化妆品卫生监督条例 [Z]. 2020-06-29.

[34] 国家质量监督检验检疫总局, 国家标准化管理委员会. 化妆品安全评价程序和方法. GB 7919-1987 [S]. 1987-05-28.

[35] 国家市场监督管理总局. 化妆品生产经营监督管理办法 [Z]. 2021-08-02.

[36] MBA 智库百科. 日化 [EB/OL]. https://wiki.mbalib.com/wiki/%E6%97%A5%E5%8C%96%E7.

[37] 佚名. 2024 深圳化妆品、个人及家庭护理用品原料展览会 [EB/OL]. http://guangzhou.11467.com/info/7919879.htm.

[38] 佚名. 国药监发布关于化妆品禁用原料目录新公告 [EB/OL]. https://wiki.antpedia.com/article-2552412-450.

[39] 家庭医生在线. UVA 和 UVB 分别对皮肤有哪种伤害? [EB/OL]. http://ask.familydoctor.com.cn/q/18241505.html.

[40] 佚名. 发际线后移? 这件事千万别再做了 [EB/OL]. https://www.sohu.com/a/398247790_120665457.

[41] CPHI 制药在线. 姜油说明书 作用 厂家 [EB/OL]. https://www.cphi.cn/zt-p-844.html.

[42] 佚名. 头皮屑中有哪些细菌? [EB/OL]. https://c.pstatp.com/scene/medical/medical_article.

[43] 佚名. 成分党丨化妆品成分的配伍与禁忌 [EB/OL]. https://www.360doc.cn/article/92853_1127795326.htm.

[44] 佚名. 面霜配方中不同功效特色原料的选用要点 [EB/OL]. http://www.360doc.com/content/24/0219/20/92853_111.

[45] 佚名. 化妆品防腐挑战性测试方法表格 [EB/OL]. https://www.51sole.com/b2b/sides260591552.html.

[46] 佚名. 如何确保化妆品功效宣称科学合规 [EB/OL]. http://news.sohu.com/a/710453971_120095619.

[47] 佚名. 万德检测勇立潮头, 专业赋能化妆品功效检测与评价 [EB/OL]. http://news.sohu.com/a/570218204_436243.

[48] 佚名. 蓝光是什么? 蓝光对眼睛有什么伤害? 稀晶石防蓝光眼镜能预防蓝光 [EB/OL]. https://m.sohu.com/a/344204878_120364270.

[49] 张劲松, 施问超, 杨思卫, 蔡月祥. 现代化工企业管理 [M]. 北京: 化学工业出版社, 2015-03.

[50] 轻工业部. 化妆品生产管理条例 [Z]. 1986-12-10.

[51] 卫生部. 化妆品卫生监督条例 [Z]. 1989-11-13.

[52] 国家质检总局 全国生产许可证管理办公室. 化妆品产品生产许可证换 (发) 证实施细则 [Z]. 2001-12-21.

[53] 国家食品药品监督管理总局. 化妆品生产许可检查要点 (2016 年版) [Z]. 2015-12-15.

[54] 国家药品监督管理局. 关于贯彻执行《化妆品生产经营监督管理办法》有关事项的公告 [Z]. 2021-11-26.

[55] 国家药品监督管理局. 化妆品生产质量管理规范 [Z]. 2022-01-07.

[56] 国家药品监督管理局．化妆品生产质量管理规范检查要点及判定原则［Z］．2022-10-25.

[57] 生态环境部．环境标志产品技术要求　化妆品：HJ 1060-2019［S］．2019-12-13.

[58] 环境保护部，国家质量监督检验检疫总局．化妆品工业水污染物排放标准［S］．2010-01-06.

[59] 中国食品药品检定研究院．化妆品原料安全信息填报技术指导原则［Z］．2023-09-04.

[60] 中国食品药品检定研究院．化妆品配方填报技术指导原则（征求意见稿）［Z］．2023-05-04.

[61] 国家药品监督管理局．儿童化妆品监督管理规定［Z］．2021-10-08.

[62] 国家药品监督管理局．关于发布儿童化妆品标志的公告［Z］．2021-11-29.

[63] 国家药品监督管理局．牙膏备案资料管理规定［Z］．2023-12-01.

[64] 国家药品监督管理局．关于贯彻实施《化妆品监督管理条例》有关事项的公告［Z］．2020-12-28.

[65] 国家食品药品监督管理总局．关于在全国范围实施进口非特殊用途化妆品备案管理有关事宜的公告［Z］．2018-11-07.

[66] 国家药品监督管理局．关于实施特殊用途化妆品行政许可延续承诺制审批有关事宜的公告［Z］．2019-05-27.

[67] 国家质量监督检验检疫总局．化妆品标识管理规定［Z］．2007-08-27.

[68] 国家食品药品监督管理局．化妆品命名规定和命名指南［Z］．2010-02-05.

[69] 国家质量监督检验检疫总局，国家标准化管理委员会．牙膏：GB/T 8372-2017［S］．2017-11-01.

[70] 国家质量监督检验检疫总局，国家标准化管理委员会．牙膏用原料规范：GB/T 22115-2008［S］．2008-06-01.

[71] 国家药品监督管理局．企业落实化妆品质量安全主体责任监督管理规定［Z］．2022-12-29.

[72] 全国人大常委会．中华人民共和国专利法［Z］．2020-10-17.

[73] 李官跃，孙拥军，熊远钦．化工领域专利申请文件撰写与电子申请［M］．北京：化学工业出版社，2023 09.

[74] 佚名．女生们注意了！刷酸真的有用吗？小心“毁容”［EB/OL］．https：//www. cn-healthcare. com/articlewm/20211202/content-1291200. htm.

[75] 肖子英．中国化妆品企业管理［J］．日用化学品科学，1997，20（4）：38-42.

[76] 国务院．国务院关于“先照后证”改革后加强事中事后监管的意见［EB/OL］．2015 年第 32 号国务院公报．https：//www. gov. cn/xinwen/2015-11/03/content _ 2959231. htm.

[77] 徐建明，叶丹妹．化妆品企业如何应对近期法规变化［J］．日用化学品科学，2016，39（3）：35-38.

[78] 互联网资源：环球老虎财经 医美监管加码，余震波及“医美面膜”企业 IPO？［EB/OL］．2022-01-28. https：//finance. sina. com. cn/stock/hyyj/2022-01-28/doc-ikyamrmz8018260. shtml.

[79] 蒋丽刚，陈倪，孙淑蓉．化妆品新法规对行业发展趋势的影响研究［J］．日用化学品科学，2022，45（4）：18-23.

[80] 田育苗，田少雷，吕笑梅．我国新旧化妆品生产质量管理检查要点对比分析［J］．中国食品药品监管，2022（12）：80-87

[81] 孙笑笑．一票否决！7 月 1 日起化妆品生产检查盯紧七大关键点［J］．中国化妆品，2022（4）：

18-21.

[82] 贺龙强，辛明，陈洪忠，等．重磅！化妆品检查要点12月施行！[J]．中国化妆品，2022（11）：40-42.

[83] 尚靖，刘丽．中国化妆品未来科技之路将走向何方——检测篇［J]．中国化妆品，2023（1）：75-80.

[84] 高家，张凤兰，袁欢，等．新法规下特殊化妆品注册技术要点分析［J]．香料香精化妆品，2022（4）：58-62.

[85] 安玉祥．环境影响评价简介［J]．中国工程咨询，2005（9）：27-28.

[86] 李颖．化妆品注册备案管理办法［J]．中国质量万里行，2021（2）：25.

[87] 国家药品监督管理局．关于发布《化妆品注册备案资料管理规定》的公告［EB/OL]．中国政府网．https：//www.nmpa.gov.cn/xxgk/ggtg/hzhpggtg/jmhzhptg/20210304140747119.html.

[88] 李能．2021年中国化妆品监管动态回顾［J]．日用化学品科学，2022，45（3）：17-20.

[89] 孙淑蓉，陈倪，曹建娣，等．化妆品注册备案资料变化对行业的影响研究［J]．日用化学品科学，2021（4）：13-20.

[90] 许琳．5月1日起，化妆品标签别踩这些坑［EB/OL]．https：//www.pds.gov.cn/contents/27007/346260.html.

[91] 刘丽．在化妆品新规下，儿童化妆品的质量安全应如何保障？［J]．中国化妆品，2022（10）：58-62.

[92] 高家敏，苏哲，余振喜，等．欧盟化妆品纳米原料法规管理现状及思考［J]．香料香精化妆品，2022（Z2）：42-43.

[93] 孙笑笑．金色盾牌护佑成长［J]．中国化妆品，2022（Z2）：42-43.

[94] 张娜娜，黎鸿艺．居家刷牙与相关产品那点事［J]．质量与标准化，2023（6）：26-29.

[95] 徐春生．新法规对牙膏市场的影响分析与对策建议［J]．口腔护理用品工业，2023，33（5）：4-7.

[96] 杨辉．强化轻工企业全过程的质量管理［J]．轻工标准与质量，2010（6）：53-56.

[97] 普华永道《2022年全球消费者洞察脉搏调研中国报告》［EB/OL]．https：//www.fxbaogao.com/detail/3397439.

[98] 熊远钦．化工产品市场营销［M]．北京：化学工业出版社，2012-05

[99] 国家药品监督管理局《化妆品网络经营监督管理办法》2023-04-04.

[100] 谷俊．冒险者的游戏：透视日化、美容行业混融现象［J]．中国商贸，2003（4）：39-40.

[101] 钱俊．对于市民卡产品促销策略的几点思考［J]．城市建设理论研究（电子版），2014，000（019）：740-742.

[102] 陈少峰．浅议数据分析在自媒体营销中的应用［J]．信息记录材料，2019，20（3）：105-106.

[103] 付遥．输赢［M]．北京：中国商业出版社，2012-03.

[104] 黎万强．参与感［M]．北京：中信出版社，2014-08.

[105] 佚名．如何利用鸟笼效应将消费者留在营销的“鸟笼”中？［EB/OL]．https：//zhuanlan.zhihu.com/p/76316752.

[106] 爱运营．干货！营销中常见的六大心理学效应［EB/OL]．https：//www.iyunying.org/yxzs/

169396. html.

[107] 道客巴巴．模块七摸准商品价格脉搏实现利益最大化［EB/OL］. https：//www. docin. com/p-2131974759. html.

[108] 钟福英，王子敏．我国物流企业成本精细化管理存在问题及对策［J］. 物流科技，2023，46（16）：60-64.

[109] 叶茂中．产品是用来解决冲突的［J］. 销售与市场（管理版），2021（2）：20-23.

[110] 叶茂中．冲突营销关键词连载（六）产品（上篇）［EB/OL］. https：//www. digitaling. com/articles/305682. html.